主办：海外华文教育与中华文化传播协同创新中心

华侨大学华文教育研究院

世界华文教学

SHIJIE HUAWEN JIAOXUE

（第五辑）

贾益民　主编

社会科学文献出版社

SOCIAL SCIENCES ACADEMIC PRESS (CHINA)

CONTENTS  目录

华文教育史研究

新马早期华文教育回顾与浅析

中央民族大学国际教育学院　任倩倩

山西师范大学文学院　李　奎

摘　要　新马早期的华文教育，国内学者关注较少，国外学者的论述也不够全面。笔者利用新马华文报刊和其他资料，力图还原新马早期的华文教育情况。经过初步研究，笔者认为新马早期的华文教育受到三个因素的影响：早期传教士的介入；清政府驻新领事的努力；当地华人自主办学意识的兴起。本文将从这三个方面对早期华文教育做初步分析。

关键词　新加坡　马来西亚　早期华文教育

2004 年 11 月，第一所孔子学院成立，我国在海外建立了第一个对外汉语教育和文化传播机构，汉语国际教育成了对外汉语教学的新形式。在多方因素的促成下，中国在海外建立了孔子学院，国外部分高校也建立了东方语言文学系，其中也包括了汉语教育。海外华人的汉语作为母语的教学被称为华文教学。华人聚集的东南亚，特别是新马，在华文教育上不遗余力，形成了完备的教学体系。而在此之前，新马的华文教育就已经开始，这既与传教士的介入有关，也与清廷派驻领事参与有关，亦与当地华人自觉意识的出现有关。本文就新马早期的华文教育做一简单回顾和分析。

一　传教士的介入

19 世纪初，华人华侨数量增长，迅速带动了新马早期华文教育的发展。而发展之初，外来的传教士和华人自身共同开始了华文教育。

1814 年 1 月，米怜受马礼逊委托，前往爪哇、马六甲和槟榔屿考察，同年 9 月回到中国。米怜认为马六甲是合适的传教基地。次年 4 月 17 日，米怜偕妻子以及几名刻工（包括梁发），带着相关书籍和印刷用纸启程前往马六甲，经过 35 天的海上颠簸最终到了马六甲。到了南洋不到 3 个月，8 月 5 日，米怜就创办了《察世俗每月统计传》（以下简称《察世俗》）。同天，米怜建立了面向华人的"免费学校"——立义馆，"教导贫困孩子"（米怜，2008）。在《察世俗》中有《立义馆告贴》（米怜，1815）：

> 《礼记》曰："玉不琢不成器，人不学不知道。"诚哉！盖人虽有头面手足，全身之样与禽兽不同。若不知道理，其性与禽兽亦不多异。故即不会敬畏神，不明五伦，不守本分也。不教，就独会管饮食、穿衣任情之事而已，在世间无用，在死后无福也。可见教子弟是极要紧之事。惟世上人常有富贫之异。在富者请先生教子，出束金，买书及纸、笔、墨，皆易；在贫者食饭、穿衣尚难得，何况教子乎？故帮助贫人乃该做之事业。愚观全地上之人如一大家，虽不同国，不须分别，都是神原造的，都是自一祖宗留传下来的，都是弟兄，皆要相和相助，才好。愚因思教各子弟读书、写字、打算盘三者甚重，盖不会读圣书，则何能知孝、弟、忠、信；不会写字，则何能做生理、修信报远友。不会打算盘，则何能记账、管数目。再者世之恶俗，像不畏于神、不孝于亲、不道于人，嗜酒、好闲、赌钱、邪色、乱费、盗贼、杀人各等，多是出于不教子弟之原头。故愚已细想过教子弟之好处与不教子弟之恶处，所以今定在呷地而立一义馆，请中华广福两大省各兄台中，所有无力从师之子弟，来入敝馆从师学道成人。其延先生教授一切之事，及所有束金、书、纸、笔、墨、算盘等项，皆在弟费用。兹择于七月初一日，在敝处开馆。理合将愚意写明，申告各仁兄，任凭将无力从师之子弟，送来进学。虽然是尔各为父母者之福，则愚亦得福焉。若肯不弃而愿从者，请早带子先来面见，叙谈以便识认可也。

告贴中写出了教育的重要性——它会影响受教子弟的未来生活。立义馆的教学内容有"读书、写字、打算盘"，面向"无力从师之子弟"，将来能使其"学道成人"。米怜为吸引"广福两大省"学子，提出了"束金、书、纸、笔、墨、算盘"等皆由米怜提供。由此不难发现，米怜的立义馆可谓最早的华文教育"基地"。

米怜不仅教授华人子弟学中文，而且希望传教士掌握中文。他于 1818 年 11 月 11 日在马六甲设立了英华书院，书院设立的目的在于促进"中国和欧洲文学的相互学习及传播基督教（the reciprocal cultivation of Chinese and European literature, and the diffusion of Christianity）"（马礼逊、米怜，2009）。

马礼逊为英华书院起草了详细的计划，全文如下：

拟在马六甲创办一所由米怜牧师主管的学校的计划书

校名：本校命名为"英华书院"。

目标：本校施行双轨教育制，既教授中文，也教授欧洲文字。一方面令欧籍学生学习中国语言和文字；另一方面使恒河以东国家的学生学习英文和欧洲的文学和科学。所谓恒河以东的国家包括中国、东马来群岛的华人聚居区、琉球地区、高丽和日本。本校所授科目盼最终给学生以积极的影响，系统地教授学生基督教的真谛和东半球的一般文化知识。

英华书院的设备：

1. 书院应设一图书馆，藏有中国和欧洲出版的图书和期刊，内容应包括一般文学、科学、语言、历史和风俗等。

2. 书院应聘任懂得中文的欧籍教授，能够担任西方知识的授课任务。书院还聘任中国人担任助教。欧籍教授必须是基督教徒。

……

5. 书院将向欧籍学生教授中文。学生还可以自己决定选修宗教、文学或商业课程。

6. 书院将向本地学生教授英文。学生还可选修地理、历史、算数和别的课程。如果开课的话，也可选修道德哲学、基督教神学和中国经书。

……

书院招生对象：欧洲各国或美国大陆来的任何学生，只要他们是基督教徒，携有所属教会介绍该生的人品和志愿的推荐书，都可申请入学。此外，欧洲各大学内享有旅费的人员、基督教的传教士、贸易公司职员或各国领事馆内的官员，也可申请入学。

恒河以东各国的本地青年，或自费，或由教会团体派送，或由私人资助来本校学习英文者，都可以申请入学。本地青年入学不需要是信仰基督教的。本校也不强迫他们参加基督教的崇拜聚会，但可以邀请他们自由参加。

学习年限：学习年限需根据书院的具体情况容后安排。

……

与立义馆相比，英华书院更像是一所"孔子学院"，但它的目标更明确，功能更齐全，是一所标准的学校，招生范围广阔，注重双语教学。然而该校创建后效果并不好，从一开始似乎就得不到认可。学校开学前，开始宣传招生，仅有 5 名学生，到第一年年末仅有 14 名学生。从学生数量上可以说以失败告终。

传教士除了创办学校之外，还在新马出版发行华文报刊，这也是一种新的教育方式，它是一种潜移默化式的教学，会取得意想不到的效果。传教士在办报时，报中应用了大量的中国文化内容，比如《论语》、小说、古诗和散文等。这些行为既能够减少华人对报刊的敌对情绪，又可以宣扬基督教教义，还能促进华人华文水平的提升。

二 驻新领事的努力

1877 年 10 月，清廷在新加坡设立领事馆。1881 年 9 月至 1891 年 5 月，左秉隆首任驻新领事，后来黄遵宪分别于 1891 年 5 月至 1894 年 7 月、1907 年 10 月至 1910 年 10 月任清政府驻新领事。他们在新任职期间，先后设立了会贤社和图南社。他们在报中刊载课题，二人亲自出题，向当地的华人华侨征文，由二人加以评判，将获奖结果公布在华人创办的报刊之中。会贤社的课题大多出自儒家典籍，图南社出自儒家典籍的课题要少于会贤社。李奎（2014）曾有相关研究。

表 1　会贤社月课录节录

	时间	课题	卷数（卷）	获奖人数（人）	源头
1	1887 年 6 月	人而无恒不可作巫医论	37	15	《论语·子路》
2	1887 年 7 月	人皆可以为尧舜说	33	15	《孟子·告子下》

	时间	课题	卷数（卷）	获奖人数（人）	源头
3	1887 年 8 月	政贵与民同好恶论	30	14	《尚书》《礼记·大学》
4	1887 年 9 月	臣事君以忠	31	15	《论语·八佾》
5	1887 年 10 月	货悖而入者亦悖而出	缺	缺	《礼记·大学》
6	1888 年 1 月	缺	22	15	缺
7	1888 年 2 月	君子学道则爱人，小人学道则易使也	39	15	《论语·阳货》
8	1888 年 3 月	子以四教文	缺	缺	《论语·述而》
9	1888 年 4 月	缺	34	15	缺
10	1888 年 5 月	人人亲其亲长其长而天下平	39	15	《孟子·离娄上》
11	1888 年 6 月	言忠信行笃敬	36	10	《论语·卫灵公》
12	1888 年 7 月	言不忠信行不笃敬	31	15	《论语·卫灵公》
13	1888 年 8 月	惠迪吉从逆凶论	34	15	《尚书·大禹谟》
14	1888 年 9 月	满招损谦受益论	34	15	《尚书·大禹谟》

由于《叻报》及其他资料残缺不全，我们已经无法看到左秉隆主导的会贤社月课的全部资料。从《叻报》中搜集而来的资料中，笔者得知完整的资料保存 38 则。根据笔者对《叻报》资料的整理分析，中国典籍出现的次数如下：《论语》约 20 次，《孟子》约 4 次，《礼记》约 7 次，《尚书》约 3 次，《孝经》1 次，《荀子》1 次，《韩非子》1 次。所列题目多与儒学相关。据李奎（2014）统计，"现存较为完整的会贤社月课名录共有 36 份，每次参加征文的平均人数为 30 余人，最多的一次有 47 人，最少的一次有 22 人，据此可以估计参加月课的总人数可能有千人以上。经笔者统计，获奖实际人数只有 291 人"。到了 1891 年 9 月，清廷终止了左秉隆的领事职务，左秉隆回国，会贤社至此不复存在。

表 2　图南社月课录节录（与儒学相关）

时间	课题	获奖人数（人）	源头
1893 年 1 月	如不可求从吾所好	44	《论语·述而》
1893 年 4 月	如得其情则哀矜而勿喜	41	《论语·子张》
1893 年 5 月	舟车所至人力所通	39	《礼记·中庸》

续表

时间	课题	获奖人数（人）	源头
1893 年 6 月	日省月试	40	《礼记·中庸》
1893 年 7 月	柔远人则四方归之	40	《礼记·中庸》
1893 年 8 月	善人是富	38	《论语·尧曰》
1893 年 9 月	为人谋而不忠乎，与朋友交而不信乎	50	《论语·学而》
1893 年 10 月	既富矣，又何加焉？曰教之	40	《论语·子路》
1893 年 11 月	如有王者必世而后仁	29	《论语·子路》
1893 年 12 月	文王以民力为台为沼至沼曰灵沼	41	《孟子·梁惠王上》
1894 年 1 月	富而好礼论	40	《论语·学而》
1894 年 4 月	凡有血气者莫不尊亲	41	《礼记·中庸》
1894 年 5 月	明足以察秋毫之末而不见舆薪	62	《孟子·梁惠王上》
1894 年 6 月	乘桴浮于海，从我者其由欤，子路闻之喜	65	《论语·公冶长》
1894 年 7 月	割鸡焉用牛刀	57	《论语·阳货》
1894 年 8 月	是知其不可而为之者欤	60	《论语·子路》
1894 年 9 月	战	55	缺
1894 年 10 月	子曰君子矜尚不争二章	47	《论语·卫灵公》
1894 年 11 月	诗云王赫斯怒，至文王一怒，而安天下之民	44	《孟子·梁惠王下》

注：此表信息源自 1891 年 10 月至 1894 年 12 月的《叻报》与《星报》。本表在他文中已经使用，特此说明。

笔者检索并整理了《叻报》和《星报》，找到了图南社月课的获奖人数和名单，但没有发现图南社公布的月课名录征文数量。从中得知，王攀桂、潘百禄、吴士达、夏之时、潘渭鱼等在会贤社和图南社二次获奖，且屡次出现。王攀桂时任萃英书院教师。

会贤社和图南社的资料说明早在左秉隆、黄遵宪发起文社之前，新马华人就已自觉学习中国传统文化了，四书五经之类的典籍成了华人才俊的读物，他们的文章水平已经达到了一定高度，否则难入二位评阅者的法眼。

黄遵宪认为"图南社不出四书题，以南岛地方习此无用也。惟教读诸生，平日专习举业。多有不达时务，不工论说者"，[①] 故图南社最初并没有

---

① 叶季允主编：《叻报》，1893.01.19，新加坡。

发布有关儒学的题目。直到 1894 年 1 月，图南社开始设与四书相关的课题。没想到一段时间后，出现了抄袭或草率应付的现象，黄遵宪披露说："近课所取四书文，多有抄录成文者，如查悉姓名住址系属伪报，或文字中字句询问不解者，均不给赏"。①

图南社所收课卷较为优秀，黄遵宪为提高华人学习兴趣，寻求各种关系，将优秀课卷转到中国发表，"每月收卷至百余本，其拔取前茅者，粤之《中西报》，上海之《沪报》，辗转钞刻，互相传诵，南离文明，于兹益信"。② 图南社还影响了马六甲、槟榔屿等地华人，他们纷纷投稿。为此图南社延长截止期限等待征文投稿。③ 由此可见图南社在新马华人群体引起的反响之强烈。

会贤社和图南社的行为，不是专意于华人华侨的华文教育，但是它们的实际效果与华文教育紧密相关，鼓励了更多的当地华人学习华文、学习中国传统文化，这是无可置疑的。因此，二社对于新马华文教育的功劳不可不提。

三　华人华侨的发力

在新马华文教育史上，除了上面提到的两种外部力量的介入和推动之外，还有华人华侨自主办学的努力。在 19 世纪前 15 年的时间里，马六甲华人共计修建了 9 所私塾，其中有 8 所专供福建籍的学生就读，约有 150 名学生，另外一间供广东籍学生就读，学生有 10～12 名。1920 年，5 所私塾存下，学生数量不到 100 名（柯木林、林孝胜，1988）。后来马六甲许多华人华侨移民到槟榔屿和新加坡。

1884 年，海峡殖民地华侨创办的私塾有 115 所，模仿中国本土私塾形式和规章制度。他们大多从中国国内聘请教师，教授《三字经》、《百家姓》、《千字文》、四书五经等内容。有学者认为，早期的华校分为三种：（1）当地富裕华人为其子弟专设的家塾，（2）个别教师假借庙堂或临时场所开办的私塾，（3）某些族群按照一定规章创办的公立学校（林水檺、骆

---

① 叶季允主编：《叻报》，1893.05.17，新加坡。
② 叶季允主编：《叻报》，1893.03.31，新加坡。
③ 叶季允主编：《叻报》，1893.05.07，新加坡。

静山，1984）。新加坡著名学者陈育崧提道："直到一八四九年，陈巨川领导热心人士，筹集巨金，在直落亚逸街天福宫的西边，建筑'崇文阁'，为师生讲受之所。一切经费，由地方捐助，这是目下我们所知的'新加坡华人设立的第一间学校'"（陈育崧，1974）。1854 年，萃英书院成立，这是由新加坡华人共同设立的学校。现存一块石碑，上书建立书院的经过。1888 年，槟榔屿南华义学开办，开办时间不长便停办，为新马最早创办的学校。但南华义学规定了教育目标、教师的资格待遇、学生的要求等，制定了 15 条规章制度。这些资料极为重要。1892 年，石隆门华侨又创办了一间私塾，1898 年改为华巫混合学校。

陈育崧先生还描绘了当时的教育制度（陈育崧，1983）：

> 学塾的制度，自五、六岁开蒙，以至二十岁左右，读完了四书五经，学作八股，所以学生的年龄，于五、六岁的孩子直至二十余岁的青年。这种学制，自汉以来既然，而且无甚变化。

上文提到的左秉隆除了办文社，还提倡新加坡华人创办义学。根据 1893 年《叻报》的调查，新加坡公私义学，除了萃英书院外，还有陈姓族人所设的毓兰书室、广惠肇商人创办的广肇义学、小坡华人的乐英书室。另有私人独资创办的义学：颜永成的培兰书室、章苑生的养正书室。根据李钟珏的《新加坡风土记》记载，"闽广士子，在叻授徒者，颇不乏人"（李钟珏，1947），我们可知在新加坡私设讲堂的闽广士子一定为数不少。《叻报》中的新闻更有说明："叻中书室，自请儒师以及自设讲帐者外，其余如萃英书院，培兰书室，毓兰书室，养正书室，乐英书室等，多只不可胜言。"[①]

历史上殖民者对新马的"开发"逐渐深入，他们迫切需要培养自己的代言人，需要能够读懂英文的华人，这也冲击了华文教育。在 1889～1893 年的《叻报》中，关于义学的争论已经非常多了。

中国政治派别的介入，也加速了新马华人创办学校高潮的到来，造成影响最大的就是康有为和孙中山。应邱菽园之邀，康有为来到新加坡，大

---

① 叶季允主编：《叻报》，1890.03.13，新加坡。

力创办新式学校，新马华人也积极响应，开展兴学运动，这一时期开设的都属新式学校，去除了旧式学堂的弊端。1904 年在槟榔屿创办的中华学校是新马第一间规模较大的华文新式学校。1905 年 7 月，清政府大臣张弼士到叻，筹措经费捐款给当地华人，鼓励华人创办新式学校。孙中山先生在新马创办的革命机关是阅书报社，他在新马影响很大，阅书报社的部分分支机构就附属于学堂。华文学校由阅书报社创办的就不少，最有名气的是钟灵中学。

在左秉隆和黄遵宪的影响下，新马本地知识分子如邱菽园、林文庆等亦创办文社，通过多种方式促进了新马华文教育的发展。1896 年，邱菽园创办丽泽社，开始以诗歌活动为主，后增文学创作。所增文题先可见只有四个，均出自《论语》。邱菽园亲自评点这些征文，择其优者予以奖励，这与上述两个文社类似。林文庆与邱菽园合办的好学会，资料存于《天南新报》和《日新报》中，有《好学会简明章程》①、《拟新洲好学会序》②、《好学会演说题目》③。从以上资料中可知好学会演讲之时可以使用华文、英语、巫来由语，演说题目多与儒家有关，兼及南洋华人自身事物，现存演说题目与儒学相关的如下：

第四期演说（《天南新报》1899 年 10 月 10 日）

总纲：学术

条例：（1）汉宋明清学派考；（2）择讲鲁论一章；（3）择讲孟子一章；（4）说仁

第五期演说（《天南新报》1899 年 10 月 24 日）

总纲：时务

条目：（4）海外兴建孔庙宜尊亲并重论④

总纲：学术

条目：（1）实行孔教说；（2）训蒙改革私议

① 邱菽园主编：《天南新报》，1899.09.22，新加坡。
② 林文庆主编：《日新报》，1899.11.25，新加坡。
③ 第一期至第三期题目缺失，现存第四期至第八期。见邱菽园主编：《天南新报》，1899.10.10、1899.10.24、1899.10.31、1899.11.09、1899.11.16，新加坡。
④ 前三个条目与儒学无关，下文中会有涉及。

第六期演说（《天南新报》1899 年 10 月 31 日）

总纲：时务

条目：论海外华人宜公力筹办孔庙学堂善局事

总纲：学术

条目：（1）说谦；（2）说仁

第七期演说（《天南新报》1899 年 11 月 9 日）

总纲：学术

条目：（1）孔教必先明伦说；（2）中行即是进步说；（3）狂者行有不掩论；（4）说谦余议

好学会的此种方式不可不说是一种别样的教育模式，可以吸收各个种族和阶层的人加入，便于华文教育的快速推进和中文的传播。

新马华文报刊中更是保存了一些与新马历史上华文教育相关的资料：《劝各地立祀孔子会》①、《拟各处华人联立孔教会章程并序》②、《星洲宜建孔庙及开大学堂说》③、《劝星洲闽粤乡人合建孔子庙及大学堂启》④、《圣诞胪欢》⑤、《天南新报致叻报函：关于孔庙募捐事》⑥、《暂拟章程》⑦、《孔教同人公启》⑧、《本坡拟建孔庙私议》⑨、《略论本埠创建孔教学堂事》⑩、《有关孔庙及学堂之公开启事》⑪、《星洲孔庙学堂将有成议喜书》⑫、《新加坡创建孔庙学堂劝捐启》⑬、《恭请会议》（孔教同人公启）⑭、《再纪会议捐建星

---

① 邱菽园主编：《天南新报》，1899.04.29、1899.05.02、1899.05.04，新加坡。
② 邱菽园主编：《天南新报》，1899.11.07～14，新加坡。
③ 邱菽园主编：《天南新报》，1900.03.26，新加坡。
④ 邱菽园主编：《天南新报》，1900.03.27，新加坡。
⑤ 邱菽园主编：《天南新报》，1900.09.21，新加坡。
⑥ 邱菽园主编：《天南新报》，1900.12.21，新加坡。
⑦ 邱菽园主编：《天南新报》，1901.03.10，新加坡。
⑧ 邱菽园主编：《天南新报》，1901.03.10，新加坡。
⑨ 邱菽园主编：《天南新报》，1901.10.18，新加坡。
⑩ 邱菽园主编：《天南新报》，1901.11.28，新加坡。
⑪ 邱菽园主编：《天南新报》，1901.12.13，新加坡。
⑫ 邱菽园主编：《天南新报》，1902.03.07，新加坡。
⑬ 邱菽园主编：《天南新报》，1902.03.07，新加坡。
⑭ 邱菽园主编：《天南新报》，1902.03.13，新加坡。

嘉坡孔庙学堂事》①、《创建新加坡孔庙学堂董事》②、《星嘉坡创议建孔子教堂缘起》③、《劝祀孔圣启》④。

从以上残存的资料中我们可以看出，新马早期华文教育的发展与新加坡第一次儒学运动也有着莫大的关系，这次儒学运动对于新马华文学堂的建立起到了非常大的推动促进作用，有益于儒学在民间的传播和普及，二者相得益彰，互相推进。

邱菽园在教育上，除了创办文社外，还身体力行，改编了《三字经》和《千字文》，使其适应新加坡的环境。⑤ 张克诚（字勖甫，又名广文，大埔客家人，1875年乙亥恩科举人，曾在广东香山县任训导，高要县任教谕，后南下到吉隆坡⑥）作有《募印孔子撮要篇小引》，从中可见张克诚对于新马等地建孔庙非常支持，且他认为，"孔子之教，简编浩繁。虽老师宿儒皓首研求，尚苦于不得要领，况工农商贾乎？"于是张氏把《孔教撮要》译成白话，张氏的此种举动也促进了新马华文教育的发展。

陈荣衮作有《论训蒙宜用浅白新读本》⑦，该文大力宣扬了《浅白新读本》在幼童训蒙之时的益处。文中指出旧式读物"以不通俗为主，而初级读本亦用之，差之毫厘谬以千里。彼止曰：'我教之读八股题目、读八股材料也。'若问童子之受益否，则哑然无以应矣。"童子读此等读物浑然不觉，假如用浅白读物教之，童子曰："好听，好听！"文白之别立显。关莘田的《百孝诗》⑧选取了史上百名以孝闻名的人物为主题作诗，诗作语言通俗易懂，于文化水平不高的人而言，便于理解，比如"首善推虞帝，周文亦比肩；羹遗思考叔，器涤慕廷坚；共感乌名县，齐惊鲤涌泉……"。《天南新报》刊《理学问答》⑨，对理学的创始、发展做了论述，阐明了理学在历朝历代的派别，对每派的代表人物及其代表作做了说明。此文简单明了，清

---

① 邱菽园主编：《天南新报》，1902.03.17，新加坡。
② 邱菽园主编：《天南新报》，1902.03.19－20，新加坡。
③ 叶季允主编：《叻报》，1902.12.09，新加坡。
④ 林文庆主编：《日新报》，1899.10.11，新加坡。
⑤ 邱菽园的两部著作并未在报中发表，故文中不多论述。
⑥ 邱菽园主编：《天南新报》，1900.08.07，新加坡。
⑦ 林文庆主编：《日新报》，1900.02.12，新加坡。
⑧ 林衡南主编：《星报》，1896.11.09，新加坡。
⑨ 邱菽园主编：《天南新报》，1899.04.22、1899.04.25、1899.04.29、1899.05.02，新加坡。

晰地阐明了理学在宋、明、清的发展。对于新马华人而言，简洁的问答形式，语言简练更易于理解，省去了翻阅大量典籍的麻烦，势必会加速传播。

1899 年 10 月 19 日，古友轩在《日新报》刊发了一则广告，介绍其销售的书籍，种类非常多，与儒家直接相关的书籍有《朱子格言》《四书味根》《礼记精华》《礼记旁训》《礼记正义》《春秋左传》《四书不二字》《资治通鉴》《易知纲鉴》《圣庙典祀》《朱子家训》《四书补注》《四书阐注》；与儒家间接相关的书籍有《古文辞汇》《古文关键》《古文析义》《古文快笔》《古文笔法》《易林补遗》《增删卜易》《卜筮正宗》《书目答问》《岳武王集》。古友轩为新加坡华人林衡南创办，据其所售书目，不难看出其于新马华人华文教育的重要性。

根据以上资料分析，我们需要注意，华文教育是以海外华人华侨学生为主要教学对象的汉语言文化教育，内容主要是汉语言和汉文化，而早期的华文教育并没有特别强调并注重语言技能上的教育，从某种程度上讲更是一种华文文学和文化教育，这是其与现代华文教育不同的地方。齐沪扬（2015）认为，强调文化教育在华文教育中的重要性，绝不是一个简单的教学内容问题，而是关系在多元文化背景下继承和弘扬民族文化传统，以维系华人社会的生存和发展的现实问题，而早期新马地区的华人也从各个渠道在当时的多元文背景下继承和弘扬民族文化传统，维系着华人社会的传统。研究进而理顺海外华文教育发展史，对当下海外汉语国际教育和汉语传播具有现实意义。上文对新马早期的华文教育做了简单的回顾和分析，希望能对当下的东南亚华文教育起到一些借鉴作用。

参考文献

陈育崧，1974，《星马华文教育近百年史绪论》，载宋哲美编《星马教育研究集》，香港东南亚研究所。

陈育崧，1983，《椰阴馆文存》第二卷，新加坡南洋学会。

柯木林、林孝胜，1988，《新华历史与人物研究》，新加坡南洋学会。

李奎，2014，《早期新加坡文社与儒学传播探析——以新加坡汉文报刊为中心》，《东南亚研究》第 3 期。

李钟珏，1947，《新加坡风土记》，新加坡南洋书局有限公司。

林水檺、骆静山，1984，《马来西亚华人史》，益新印务有限公司。

〔英〕马礼逊夫人编，2004，《马礼逊回忆录》，顾长声译，广西师范大学出版社。

〔英〕马礼逊、〔英〕米怜，2009，《印中搜闻》，国家图书馆出版社。

〔英〕米怜，2008，《新教在华传教前十年回顾》，大象出版社。

齐沪扬，2015，《华文教育的理论建设和规范化问题》，载《世界华文教学》第1辑，社会科学文献出版社。

〔英〕米怜，1815，《察世俗每月统计传》，马六甲。

叶季允主编，1890～1902，《叻报》，新加坡。

邱菽园主编，1899～1902，《天南新报》，新加坡。

林文庆主编，1899～1900，《日新报》，新加坡。

林衡南主编，1891～1896，《星报》，新加坡。

The Review and Analysis of Early Chinese and Cultural Education in Singapore and Malaysia

Abstract：Chinese scholars and overseas scholars paid less attention to and less concerned the study of the early Chinese and cultural education of Singapore and Malaysia in the past years. Based on the analysis of the Chinese press in Singapore and Malaysia and other materials, it is found that the early Chinese and cultural education of Singapore and Malaysia was influenced by three factors: the intervention of early missionaries; the efforts of the consul of Qing government; and the rise of consciousness of local Chinese autonomous schools. This paper makes an elementary study on the early Chinese and cultural education from the three factors.

Keywords：Singapore；Malaysia；The Early Chinese and Cultural Education

作者简介

任倩倩　中央民族大学在读博士研究生，研究领域为国际汉语教学、语言学及应用语言学。[renqianqian_123@ aliyun. com]

李奎　山西师范大学文学院副教授，研究领域为中国古代文学、域外汉文学。

汉语国际教育与华文教学研究

对外汉语语法教材语法点选择存在的问题及对策

——以中级语法教材为例

北京大学对外汉语教育学院　　杨德峰

摘　要　本文通过对三部中级语法教材中的词类、词组、句子成分、句子、复句进行考察，发现每两部教材和三部教材中相同语法点所占比例都很低；同一个语法点讲解的句式或用法有的也有很大的差异。本文认为这些教材不是同一水平的教材，并指出编写教材时必须严格依据大纲、突出针对性和实用性、弱化系统性。

关键词　对外汉语　语法教材　语法点　选择

一　引言

关于语法体系中语法点的选择，吕文华（1987）早有论述，她指出语法体系在语法点的选择上应通过科学的频率统计，重新筛选出最基本、最常用的语言形式，剔除某些不常用、不适应基础阶段表达需要的语言形式。另外，口语中的语言形式，语法体系中也应有体现。

关于初级汉语教材中语法点的选择，笔者（2001）也有阐述。笔者考察初级汉语教材后发现，语法点的编排主要有三种模式，即大系统化—非系统化、非系统化—非系统化、非系统化—小系统化，并分析了各种模式的利弊，提出了初级汉语教材语法点选择、编排的一些原则。

然而，就我们目力所及，目前未见对外汉语语法教材中语法点选择方面的研究。那么，对外汉语语法教材中的语法点的选择有没有问题呢？如果有，这些问题又是什么呢？为了回答上述问题，本文将对影响力较大的卢福波的《对外汉语教学实用语法》、徐晶凝的《中级汉语语法讲义》、姜丽萍的《图解基础汉语语法》（为行文方便，以下分别简称《实用》《中级》《图解》）三部中级语法教材中的语法点进行梳理，[①] 探讨它们在语法点选择上存在的问题，在此基础上，对语法教材中语法点的选择提出一些建议。

二　教材中的语法点

三部教材都有词类、句子成分、句子、复句，《实用》还有词组，但是每一部分的语法点都不完全相同，有些差别非常大。

（一）　词类

三部教材都有名词、动词、形容词、量词、副词、介词、助词、语气助词，但选取的语法点有很大的差异，具体情况参见附表1。

附表1显示，三部教材都有方位词，但《实用》有名词的词缀和名词的语法功能，其他两部没有；《中级》有时间词，其他两部没有。

三部教材动词语法项目中共同的语法点是动词重叠，但《实用》和《中级》有"在""有""是"的用法，《图解》没有；《中级》和《图解》有离合词，《实用》没有；《图解》有能愿动词，其他两部没有。

三部教材都有形容词重叠式，《实用》和《中级》还有形容的用法，《图解》没有。

《中级》中没有介绍代词，《实用》和《图解》介绍了代词，但两部教材选取的语法点有很大的不同。《实用》比较系统，既有人称代词，也有指示代词，还有疑问代词；既涉及代词本义，也涉及代词的活用。《图解》只涉及三个人称代词、"有的"和疑问代词的引申用法。可见二者的交集非常少。

数词方面，《中级》没有涉及。《实用》和《图解》都比较系统，有基数、序数、分数、小数、概数，但前者有整数，后者没有。概数中，《实

---

① 《实用》和《图解》都没有明说是中级教材，但《实用》"说明"中说"是为汉语学习一年以上的外国学生编写的"，《图解》"前言"中说"是为国际汉语教师和学习汉语一年以上的外国学习者编写的"，按照《汉语水平等级标准与语法等级大纲》的规定，学习汉语"一年以上"应为中级，故本文把它们都视为中级教材。

用》有"几"和"两"的活用、"来"、"把",《图解》没有。《图解》有"大概""相邻数字"表示概数以及号码、钱数等,《实用》没有。

三部教材都介绍了量词和数量短语重叠,但《实用》还介绍了量词词组,其他两部没有;《中级》有量词的类别,其他两部没有;《图解》有量词重叠和"年、月、日、星期、天、点、分、秒、小时、刻、分钟"等,其他两部没有。

副词部分三部教材差别也很大,三部教材都介绍的副词只有"不"和"没",除此之外,《实用》还介绍了"才、都、就、再、又、还、也、太、很、真、更、正、正在、在、将要、将、要、快、快要、就要、即将"等,《图解》还介绍了"也、都、全、只、就、才、别、又、再、还、太、真、很、从来、一直、有点、差不多、差一点、刚、正在、快要、快、就要、要"等,《中级》介绍的还有"将、在、正、有点儿"等。

介词部分,《实用》介绍了"自、从、由、打、对、跟、给、朝、向、往、对于、关于、至于"等,《图解》则介绍了"在、到、给、从、离、往、向、跟、对"等,而《中级》只介绍了"在",从数量上看,《实用》最多,其次是《图解》,《中级》极少。

连词部分,《实用》《中级》都没有介绍,《图解》介绍了"和、跟、还是、或者"。

助词部分,三部教材都介绍了助词"着",《实用》还介绍了"起来、下去",《中级》《图解》还都介绍了"了、过、的"。另外,《中级》还介绍了"来着"。

语气助词同样有很大的差别。《实用》列举了"吗、吧、呢、啊、么、的、呗、嘛、罢了、了"10个,《中级》只有"吗、吧、呢、啊、嘛、呗"6个,《图解》则只有"吗、呢、吧"3个。

三部教材词类部分相同语法点的数量及所占比例如表1所示。

表1 词类相同语法点的数量及比例

《实用》和《中级》		《中级》和《图解》		《图解》和《实用》		三部教材	
数量(个)	比例(%)	数量(个)	比例(%)	数量(个)	比例(%)	数量(个)	比例(%)
22	23.2	17	18	46	35.4	10	7.6

可以看出，词类项目中《图解》和《实用》共有语法点最多，但也只有 46 个，约占两部教材词类语法点的 35.4%，即 1/3 多一点；《实用》和《中级》共有语法点 22 个，约占两部教材词类语法点的 23.2%；《中级》和《图解》共有语法点最少，只有 17 个，约占两部教材词类语法点的 18%，不到 1/5。三部教材词类项目共有的语法点非常少，只有 10 个，约占三部教材词类语法点的 7.6%，不到 1/10。

（二）词组

在词组的处理上，三本教材也不完全一样。《实用》介绍了主谓词组、述宾词组、偏正词组、中补词组、联合词组、同位词组、量词词组、方位词组、介词词组、"的"字词组、"所"字词组、比况词组、固定词组 13 种。《中级》《图解》都没涉及。

（三）句子成分

三部教材中都有句子成分，具体情况详见附表 2。从附表 2 可以看出，三部教材都有定语，也都介绍了定语的类别和定语与"的"，但《实用》和《中级》介绍了多项定语语序，《图解》则没有。

三部教材都介绍了状语语法点，但取舍不一样。《实用》《中级》介绍了状语的语义类别、状语的位置、状语带"地"和多项状语的语序，而《图解》只介绍了状语带"地"的情况。

三部教材都把结果补语、趋向补语（包括引申用法）作为语法点，但《实用》还介绍了情态补语、时量补语、动量补语、可能补语和介词短语补语，《中级》还介绍了可能补语、状态补语，《图解》还介绍了程度补语、动量补语和时量补语。

三部教材句子成分部分相同语法点的数量及所占比例见表 2。

表 2 句子成分部分相同语法点的数量及所占比例

《实用》和《中级》		《中级》和《图解》		《图解》和《实用》		三部教材	
数量（个）	比例（%）	数量（个）	比例（%）	数量（个）	比例（%）	数量（个）	比例（%）
12	75	6	42.9	8	50	6	35.3

由表 2 可知，《实用》和《中级》句子成分部分相同的语法点有 12 个，约占两部教材句子成分语法点的 75%，比例很高；但《中级》和《图解》相同的语法点仅 6 个，约占两部教材句子成分语法点的 42.9%，不到一半；《图解》和《实用》相同的语法点只有 8 个，约占两部教材句子成分语法点的 50%。三部教材相同语法点非常少，只有 6 个，约占三部教材句子成分语法点的 35.3%，刚过 1/3。

（四）句子

三部教材句子项目的语法点参见附表 3。显而易见，三部教材句子部分的语法点同样有同有异，有的差别非常大。《实用》《中级》都没有形容词谓语句和名词谓语句，《图解》却有。《实用》和《中级》都有陈述句，《图解》没有。三部教材都有疑问句，不过取舍不同：《实用》有是非问句、特指问句、选择问句、正反问句、反问句、推测问句 6 种，而《中级》只有是非问句和特指问句两种，《图解》有是非问句、特指问句、正反问句、反问句 4 种。《实用》《中级》都有祈使句和感叹句，但前者祈使句只有带"吧"和"啊"的，后者还讲了带"嘛"和"呗"的；前者感叹句讲了带"了""啊"和"呢"的，后者只讲了带"啊"的。《图解》则没有祈使句和感叹句。

特殊句式方面差异也非常大。《实用》和《图解》都有双宾语句、主谓谓语句、连动句、兼语句、存现句、比较句、"是"字句、"有"字句等，但取舍也不完全一样。像连动句，《实用》有动作依次发生、目的关系、方式关系、正反关系、具有存在某条件 5 种用法，而《图解》只有后一个动作表示目的、前一个动作表示方式或工具的用法；兼语句，《实用》有使令意义、称谓认定意义、第一个动词为"有""是"4 种句式，《图解》只有"叫""让"类；存现句，《实用》有存在、出现、消失 3 种类型，《图解》只有存在、出现两种；比较句，《实用》有"比"字句、"有"字句、"跟（同、和）……一样（不同）"、"不如"、"越来越"、"越……越"6 种，《图解》有"比"字句、"有"字句、"像"字句、"跟"、"更"、"最"、"不如"、"越来越"、"越……越"9 种。《中级》没有以上语法点。

《实用》有"连"字句、"在"字句、反问句，其他两部没有；《图解》有"除了"句、否定句、"非"字句、"每"字句、"一……都"句、"好容易"句和"再说"句，其他两部没有。

三部教材都有"把"字句和"被"字句，但取舍差别也很大。《中级》中，"把"字句列举了11个小类，非常系统和全面；《实用》只讲了谓语动词带宾语、结果补语、"了"以及谓语为动词重叠式等6个小类；《图解》只讲了动词带结果补语、趋向补语和谓语动词为"动词＋在/到/给＋……"3个小类。

《实用》讲了"被"字句的结构、否定词的位置，《中级》讲了"被"字句的结构和与"叫""让"的异同，《图解》讲解了"被"字句的结构、与"叫""让"的区别，还涉及意义上的被动句以及否定词和能愿动词的位置。

三部教材句子部分相同语法点的数量及所占比例见表3。

表3　句子部分相同语法点的数量及所占比例

《实用》和《中级》		《中级》和《图解》		《图解》和《实用》		三部教材	
数量（个）	比例（％）	数量（个）	比例（％）	数量（个）	比例（％）	数量（个）	比例（％）
14	15.2	8	12.3	26	29.9	6	6.2

表3显示，《图解》和《实用》相同的句子语法点最多，有26个，约占两部教材句子语法点的29.9%，不到1/3；《实用》和《中级》相同语法点非常少，只有14个，约占两部教材句子语法点的15.2%；《中级》和《图解》相同语法点极少，只有8个，约占两部教材句子语法点的12.3%，不到1/8。三部教材句子部分相同的语法点则只有6个，约占6.2%，占比极低。

（五）复句

《中级》没有介绍复句，《实用》和《图解》都介绍了联合复句和偏正复句，而且所介绍的复句的类型完全一样，但语法点的多寡有非常大的差别（具体情况参见附表4）。从附表4可以看出，《实用》中的并列复句有7种，而《图解》只有3种，比前者少4种；连贯复句《实用》中列举了6种，《图解》只有2种；选择复句前者有6种，后者只有2种；递进复句，前者列举了4种，后者只有1种；因果复句，前者有5种，后者只有2种；

条件复句，前者有 4 种，后者有 3 种；假设复句，前者有 4 种，后者有 2 种；转折复句，前者有 6 种，后者仅 1 种。

三部教材复句部分相同语法点的数量及所占比例见表 4。

表 4　复句部分相同语法点的数量及所占比例

《实用》和《中级》		《中级》和《图解》		《图解》和《实用》		三部教材	
数量（个）	比例（％）	数量（个）	比例（％）	数量（个）	比例（％）	数量（个）	比例（％）
0	0	0	0	14	31.1	0	0

从表 4 可以看出，由于《中级》中没有安排复句，因此《实用》和《中级》、《中级》和《图解》都没有共同的语法点；《实用》和《图解》虽然都有复句语法项目，但共同的语法点只有 14 个，约占两部教材复句语法点的 31.1%，不到 1/3，比例非常低。

三　语法点选择存在的问题

（一）教材中相同的语法点太少

综观前文可以看出，词类、词组、句子成分、句子、复句五部分无论两部教材之间还是三部教材之间，相同语法点都太少。三部教材中，以上五部分相同语法点的数量及所占比例如表 5 所示。

表 5　三部教材总的相同语法点及所占比例

《实用》和《中级》		《中级》和《图解》		《图解》和《实用》		三部教材	
数量（个）	比例（％）	数量（个）	比例（％）	数量（个）	比例（％）	数量（个）	比例（％）
48	22.7	31	14.7	94	29.3	22	9.8

不难看出，《实用》和《中级》相同的语法点一共只有 48 个，重合率仅 22.7%，刚过 1/5；《中级》和《图解》相同语法点只有 31 个，重合率只有 14.7%；《图解》和《实用》相同语法点虽然有 94 个，但所占比例只有 29.3%，不到 1/3。三部教材总的相同的语法点仅 22 个，约占 9.8%，比

例非常低。

因此，无论从两部教材共有的语法点，还是三部教材共有的语法点来看，这些教材相同的语法点都太少，所占的比例都低于 1/3，即绝大部分语法点是不同的。作为供长期进修学生使用的同一水平的语法教材，应该大同而小异，然而这三部教材小同而大异，说明它们不是处于同一水平，是不同水平的教材。

（二）教材与"中等"中相同语法点所占比例非常低

国家汉办《高等学校外国留学生汉语教学大纲》（长期进修）中的"中等阶段语法项目"（以下简称"中等"）中有 83 个语法项。既然以上三部教材都是中级语法教材，是供长期进修的外国留学生使用的，那么它们中的语法点应与"中等"的大体一致，但统计结果并非如此，它们与"中等"中相同语法点所占的比例都非常低（见表 6，具体情况参见附表 1~4）。①

表 6　三部教材与"中等"相同的语法点的数量及所占比例

《实用》和"中等"		《中级》和"中等"		《图解》和"中等"	
数量（个）	比例（%）	数量（个）	比例（%）	数量（个）	比例（%）
23	27.7	11	13.3	12	14.5

表 6 显示，《实用》与"中等"相同的语法点最多，但也只有 23 个，约占"中等"语法点的 27.7%，② 即不到 1/3；《中级》和《图解》与"中等"相同的语法点则非常少，分别只有 11 个和 12 个，分别约占"中等"语法点的 13.3% 和 14.5%，即 1/10 多一些。

这说明三部教材的编写者在选择语法点的时候，根本没有根据"中等"大纲去进行选择。事实也正是如此，从这些教材的"前言"或"序"中可

---

① "中等"中有一个"类后缀"项点（一化、一性、一学、一度、一件、一式、一物、一长、一界、一率、一品），"固定短语"有"成语"（千山万水、人山人海、画蛇添足）和"惯用语"（开夜车、说大话、出洋相）两个项点，还有一个"主语、宾语语义类型的多样性"项点，由于三部教材中都没涉及，所以表格中没有列出。

② "中等"是按语法项点来计算的，如果按照语法点来计算，比例要低得多，因为语法项点有的包含了很多语法点。

知，《实用》和《中级》都没有说明选取时参考的大纲。① 《图解》参考的是《对外汉语教学语法大纲》、《汉语水平考试等级标准和语法等级大纲》以及《对外汉语初级阶段教学语法大纲》、《国家汉语教学通用课程大纲》等。

（三）同一个语法点中的句式或用法差异很大

同一个语法点，三部教材选择的句式或用法有的也有很大的差异。这种情况无论是在词类、词组、句子成分、句子部分，还是在复句部分，都不同程度地存在着。像"概数"，《实用》选取了数字连用、"来"、"多"、"把"、"左右"、"几"和"两"的活用等表达方式，而《图解》选取了"大概"、"左右"、相邻数字、"几"、"多"等，两部教材选择讲解的用法差异很大。再如"状语"，《实用》和《中级》的选择基本一致，都有状语的语义类别、状语的位置、状语与"地"、多项状语语序，而《图解》只有状语与"地"，其他方面都没有提及。"连动句"方面，《实用》介绍了动作依次发生、目的关系、方式关系、正反关系、具有存在某条件5种情况，而《图解》只有"后一个动作表示目的、前一个动作表示方式或工具"，差异也很大。兼语句方面，《实用》有使令意义、称谓认定意义、第一个动词为"有"、第一个动词为"是"4种情况，而《图解》只有"叫""让"类兼语句，选择的句式也有很大的不同。递进关系复句，《实用》有"不但……而且""不仅……还/也""连……也/都……何况""……，甚至……"4种复句，而《图解》只有"不但……而且"一种，差异非常大。

这些表明，教材在选择语法点中的句式或用法时同样存在着很大的盲目性，因此才出现"仁者见仁，智者见智"的情况。

（四）系统性较强

尽管现有的对外汉语语法教材都强调不注重系统性，但考察的三部教材，除了《中级》外，其余两部的语法点的系统性都较强，表现在三个方面。一是汉语语法体系的系统性强，像《实用》，从词、词组、句子成分、句子，到复句，每一部分都有所涉及，具有很强的系统性。二是语法项目下的语法点的系统性强，如《实用》的复句项目，每个项目中都安排了很

---

① 《中级》早于"中等"出版，没有参考"中等"有着客观原因。

多语法点，多的达 7 种，这么多的语法点放在一起讲授，学习者很难消化，更难以掌握，表面上看是面面俱到，实际上哪一面都做不好。三是某一个语法点的系统性强，即把该语法点涉及的各种用法或句式都罗列出来，像《实用》的语气助词，包括"吗、吧、呢、啊、么、的、呗、嘛、罢了、了"10 个，《图解》的副词部分安排了 26 个；《中级》的"把"字句讲解了 11 种用法。这么多的副词或用法放在一起讲授，只能是欲速则不达，弄不好还会使学习者产生畏难情绪。

总之，中级语法教材语法点的选择存在的根本问题是没有参照"中等"大纲，编写者大多是根据自己的经验等来进行选择的，这虽然能够避免教材之间的雷同，能够"百花齐放"，但负面作用要远大于正面作用，因为很难保证所选取的语法点就是中级学习者学习的重点或难点，缺乏实用性和针对性。

四　语法点选择建议

中级语法教材中语法点出现如此大的差异，不仅仅是中级教材的问题，更是目前语法教材普遍存在的问题。要解决这些问题，必须从以下几个方面入手。

（一）严格依据大纲

目前的教学语法大纲有两种，一种是通用纲，像王还的《对外汉语教学语法大纲》，该纲不分等级，不考虑教学对象，也不考虑学习者的时限，因此是一种通用教学语法大纲。另一种是等级教学语法大纲，像"中级教学语法基本纲"（以下简称"基本"）、"高级教学语法基本纲"和《高等学校外国留学生汉语教学大纲》等，《高等学校外国留学生汉语教学大纲》中包括"初等阶段语法项目"、"中等阶段语法项目"和"高等阶段语法项目"三个教学语法等级大纲，它们都是根据不同水平的学习者制定的，反映了语法点的难易程度。"基本"和"中等"都是为高等学校外国留学生汉语教学制定的教学语法大纲，而且都是中级，适用的对象都是在高等学校长期进修的留学生，只是前者由北京语言大学孙瑞珍等研发，后者由国家汉办研发；前者 1995 年出版，后者 2002 年问世。此外，还有《高等学校外国留学生汉语言专业教学大纲》，其中也有语法教学大纲。这些大纲，特别是"中等"等，是国家汉办组织大批专家花费大量时间和精力研制的，是一种国家标准大纲，尽管存在着一些不尽如人意的地方，但总体上来说，基本上能满足对外汉语教学的需要，因此，无论是中级语法教材，还是初级、高级或专业语法教材，都应该以相应的语法大纲作为参照。具体来说，在选择语法项目和语法点的时候，应该严格在大纲规定的水平中去选择，这样，教材中的语法点就会少出现或不出现前文所说的情况，也才能保证编写出来的语法教材比较符合学习者的水平和需要，至少不会把一些初级或高级水平的语法点编进教材中去。现有的语法教材中存在不少与"中等"中规定的语法点不一致的情况，像《实用》中介绍了"对于""关于""至于"等，复句部分介绍了"如果……就……""要是……就……""因为……"等，这些"中等"都没有列入；《图解》中有介词"在""到""从""离"等，还有"基数""号码""钱数""越来越""越……越"等，这些"中等"中也没有；《中级》中罗列了 11 种"把"字句，但只有一种列入了"中等"。凡此种种，不一而足。出现这么大的出入，显然编写者没有按照或没有严格按照"中等"来进行语法点的选择。

（二）突出针对性

严格依据"大纲"来选择、安排语法点，并不意味着把相应"大纲"中的语法点全部或绝大部分都安排到语法教材中去，因为"大纲"注重的是汉语语法的系统性和全面性，而任何汉语语法教学都要受到学习时间的限制，这就意味着不可能把"大纲"中的语法项目和语法点全部安排到语法教材中去，需要编写者对大纲中的语法项目和语法点进行选择。这也就是现有的语法教材语法点差别很大的一个非常重要的原因。要避免语法点选择出现"仁者见仁，智者见智"的情况，必须突出针对性，即编写者要时刻牢记所编写的教材是某一级别的外国学习者所需要的，是为了解决他们交际中存在的问题的。要做到这一点，编写者必须对某一阶段学习者语法上存在的问题有充分的了解，对那些很难学习和掌握的语法点，应尽量安排到教材中去。像助动词"能""可以""会"，是外国学习者学习的难点，"基本"和"中等"都列入了，而《中级》和《图解》没有选择；离合词也是外国学习者习得的难点，《实用》却没有选择；状语的位置以及多项状语的语序是外国学习者习得的困难所在，但《图解》没有选择它们。"中等"中的一些口语格式"说 X 就 X""看/瞧把……得""V 到 N 头上来""（V）X 是 X"等，是口语中常用的格式，事实证明学习者也很难习得，应该将其选择到语法教材中去，然而，三部教材都没有选择。一些容易掌握或学习的语法点，即便大纲中做了要求或规定，也可以不在教材中出现。像连动句，"中等"作为语法点安排了进去，但在对外汉语教学中发现这一句式很容易习得（杨德峰，2008），语法教材可以不作为语法点进行讲授，然而《实用》《图解》都将其作为特殊的句式安排了进去。

（三）突出实用性

所谓的"实用性"，是指语法点的选择应该考虑到学生交际的需要，凡是学生交际中亟须的，应该选择。反之，学生交际时很少遇到，或汉语中使用频率很低的，可以不选。像"动词＋复合趋向补语"带宾语有四个位置：（1）动词＋C1C2＋宾语（如"拿出来一本书"）；（2）动词＋C1＋宾语＋C2（如"拿出一本书来"）；（3）动词＋宾语＋C1C2（如"拿一本书出来"）；（4）把＋宾语＋动词＋C1C2（如"把书拿出来"）。笔者（2005）统计发现，C 式极少使用，只占 0.8%。尽管《中等》把（3）式列入了大纲，但由于（3）式极少使用，中级语法教材也可以不选（3）式。再如"把"字句，张旺熹（2001）通过对 2160 个"把"字句进行统计，发现典型的位移式共 1121 例，占 51.8%。这 1121 个表示空间位移的"把"字句，表示心理空间的最多，约占 29%；其次是表示物理空间的，占 23.4%；表示时间的极少，只占 3.7%。也就是说"把"字句多用来表示心理和物理空间的位移，极少用于时间方面。虽然"把"字句是汉语最难的语法点之一，但为了实用，语法教材应选择用于心理和物理空间位移方面的"把"字句，时间位移方面的可以不选择。黄月圆、杨素英等（2007）考察"被"字句的习得情况时，发现动趋复合词、结果补语是留学生掌握得较好的补语，而"得"字结构等补语在考察的语料中极少出现，说明这些是习得中难度比较大的补语，建议在中级教学阶段有计划地引入。

（四）弱化系统性

陆俭明（2000）在谈到语法教学教什么时指出，在对美汉语教学中，中英文里共有的语法现象，只需要点一下就行，不必多讲；有些语法现象汉语和英语不完全一样，但学生并不难掌握，也不必花很多时间去讲解；数的表达法、日期和地址的表达法等，中英文并不相同，但稍加指点，学生就不难掌握。陆先生的这一观点虽是针对语法教学的，但同样适用于语法教材对语法点的选择。语法教材对"中等"中的语法点的选择，要弱化系统性，不必拘泥于语法点的系统，一切以实用性和针对性为原则。有些语法点即便"中等"列入了，但极少使用，或事实证明容易习得或掌握的，也完全可以不选择。

以上四个方面，"严格依据大纲"是基础，"突出针对性""突出实用性"是目标，"弱化系统性"是方向。只有把这四个方面落实到位，语法教材中语法点的选择才能避免仁者见仁、各取所需的现状，也才能使语法教材中的语法点适合学习者的需要。

参考文献

国家对外汉语教学领导小组办公室，1996，《汉语水平等级标准与语法等级大纲》，高等教育出版社。

国家对外汉语教学领导小组办公室，2002，《高等学校外国留学生汉语教学大纲》（长期进修），北京语言大学出版社。

黄月圆、杨素英、高立群、张旺熹、崔希亮，2007，《汉语作为第二语言"被"字句习得的考察》，《世界汉语教学》第 2 期。

姜丽萍，2010，《图解基础汉语语法》，高等教育出版社。

卢福波，2003，《对外汉语教学实用语法》，北京语言大学出版社。

陆俭明，2000，《"对外汉语教学"中的语法教学》，《语言教学与研究》第 3 期。

陆俭明，2005，《对外汉语教学与汉语本体研究的关系》，《语言文字应用》第 1 期。

吕文华，1987，《汉语教材中语法项目的选择和编排》，《语言教学与研究》第 3 期。

吕文华，1994，《对外汉语教学语法探索》，语文出版社。

孙瑞珍，1995，《中高级对外汉语教学等级大纲》，北京大学出版社。

王还，1994，《对外汉语教学语法大纲》，北京语言学院出版社。

徐晶凝，2008，《中级汉语语法讲义》，北京大学出版社。

杨德峰，2001，《初级汉语教材语法点的确定、编排存在的问题》，《世界汉语教学》第 2 期。

杨德峰，2005，《VC1C2 带宾语的位置及形成的句式》，《汉语教学学刊》第 1 期。

杨德峰，2008，《日本人学汉语常见语法错误释疑》，商务印书馆。

杨德峰，2012，《上世纪 80 年代以来的对外汉语语法教材的"得"与"失"》，《汉语学习》第 2 期。

杨德峰、范麾京，2016，《对外汉语教学语法体系反思及构建原则刍议》，《国际汉语教学研究》第 2 期。

杨德峰、姚骏，2016，《韩国人学汉语常见语法错误释疑》，商务印书馆。

张旺熹，2001，《"把"字句的位移图式》，《语言教学与研究》第 1 期。

The Problems and Countermeasures of Grammar Selection in Chinese Grammar Textbooks

Abstract：On the basis of the investigation of three intermediate grammar textbooks, it is found that the grammar lists are different from one another and the explanation of the same grammar is also different in different books. It shows that there is no standard to distinguish the different levels of grammar textbooks. It is pointed out that the grammar textbooks are supposed to follow the teaching syllabus, focus on pertinence and practicality, and keep consistence.

Keywords：Chinese as a Second Language；Grammar Textbook；Grammar；Selection

作者简介

杨德峰　北京大学对外汉语教育学院教授，博士生导师，研究领域为汉语语法、对外汉语教学等。[ydf@ pku. edu. cn]

附录

附表 1 三部教材及"中等"词类语法点①

项目及语法点 \ 教材	《实用》	《中级》	《图解》	"中等"
名词	名词（词缀、语法功能）、方位词（类别、用法）	时间词、方位词（类别、用法）	方位词（类别、用法）	集合名词、方位词
动词	"在""有""是"的用法、动词的重叠	"在""有""是"的用法、离合词、动词重叠	能愿动词、离合词、动词重叠式	—
形容词	形容词的用法和重叠	形容词的用法、重叠	形容词重叠	"A 里 AB"式重叠、状态形容词、非谓形容词
代词	人称代词（"我、你"的活用、"咱们"、"自己"、"人家"、"别人"）、指示代词（"这""那"）、疑问代词（"什么""哪里""哪儿""哪会儿""多会儿"）	—	"我们"、"咱们"、"人家"、"有的"、疑问代词的引申用法	代词（"任何""人家""本""各""此"）、人称代词活用（单数用作复数、泛指、虚指）、指示代词虚指
数词	基数、序数、整数、分数、小数、倍数、概数（数字连用、"来"、"多"、"把"、"左右"、"几"和"两"的活用）、"二"、"两"	—	基数、小数、分数、序数、号码、概数（"大概"、"左右"、相邻数字、"几"、"多"）、钱数、"二""两"	"把""来"

---

① 语法点的统计主要参照"中等"，但有些语法点，像副词、介词等，"中等"将其作为一个语法项点，为便于比较，本文把出现的每一个副词、介词等分别算作不同的语法点，即从分不从合。

续表

教材 项目及 语法点	《实用》	《中级》	《图解》	"中等"
量词	量词、量词词组、数量词重叠	量词的类、量词和数量词的重叠	量词、量词和数量短语重叠、"年"、"月"、"日"、"星期"、"天"、"点"、"分"、"小时"、"刻"、"分钟"、"秒"	量词、数量短语的重叠
副词	"不、没、才、都、就、再、又、还、也、太、很、真、更、正、正在、在、将要、将、要、快、快要、就要、即将"	"不、没、将、在、正、有点儿"	"也、都、全、只、就、才、不、没、别、又、再、还、太、真、很、从来、一直、有点、差不多、差一点、刚（刚才）、正在、快要、快、就要、要"	"暗暗、八成、白、白白、百般、甫、毕竟、并、不妨、不曾、迟早、处处、大大、大半、大都、当众、独自、顿时、多半、多亏、凡是、反、反倒、反而、反复、纷纷、赶忙、格外、各自"等112个
介词	"自、从、由、打、对、跟、给、朝、向、往、对于、关于、至于、在"	"在"	"在、到、给、从、离、往、向、跟、对"	"打、当、将、同、据、凭、随着、依据、应、于、自、以"
连词	—	—	"和、跟、还是、或者"	"除非、此外、从而、假如、可见、况且、何况、难怪、如、省得、要不、要么、一旦、以便、以至、以致、以免、以及、与其、宁可、于是、再说、至于"
助词	"着、起来、下去"	"了、过、着、来着、的"	"了、着、过、的"	"着（V着V着）、所"
语气助词①	"吗、吧、呢、啊、么、的、呗、嘛、罢了、了"	"吗、吧、呢、啊、嘛、呗"	"吗、呢、吧"	"般、似的、着呢、了"

---

① 《实用》称作"助词"。

附表 2　三部教材及"中等"句子成分语法点

项目及语法点＼教材	《实用》	《中级》	《图解》	"中等"
定语	定语的语义类别、定语与"的"、多项定语语序	定语的类别、定语与"的"、多项定语语序	定语的类别、定语与"的"	多项定语
状语	状语的语义类别、状语的位置、状语与"地"、多项状语语序	状语的语义类别、状语的位置、状语与"地"、多项状语的顺序	状语与"地"	名词性短语做状语、多项状语
补语	结果补语、趋向补语、趋向补语的引申用法、趋向补语带宾语的位置、情态补语、时量补语、动量补语（宾语的位置）、可能补语、介词短语补语	结果补语、趋向补语、趋向补语的引申用法、可能补语、状态补语①	程度补语、结果补语、动量补语、时量补语（宾语的位置）、趋向补语、趋向补语带宾语的位置、趋向补语的引申用法	状态补语、程度补语、趋向补语的引申用法、可能补语

附表 3　三部教材及"中等"句子语法点

项目及语法点＼教材		《实用》	《中级》	《图解》	"中等"
结构类	形容词谓语句	—	—	主语＋（副词）＋形容词	—
	名词谓语句	—	—	主语＋名词/名词短语/数量词	—
功能类	陈述句	肯定形式、否定形式、陈述句与语气词"的、呗、嘛、罢了"②	陈述句与语气词"呢""嘛""呗""啊""吧"	—	—
	疑问句	是非问句、特指问句、选择问句、正反问句、反问句、推测问句	是非问句、特指问句	是非问句、特指问句、正反问句、反问句	—

---

① 　即"情态补语"。
② 　该项是按照语气词的个数进行统计的。其他类似的项目同。

续表

项目及语法点		《实用》	《中级》	《图解》	"中等"
功能类	祈使句	祈使句与"吧""啊"	祈使句与"吧""啊""嘛""呗"	—	—
	感叹句	感叹句与"啊、了、呢"	感叹句句式与"啊"	—	—
特殊句式	双宾语句	双宾句	—	主语＋动词＋间接宾语＋直接宾语	—
	能愿动词句	能愿动词的语义类、"能、可以、会"的异同	—	—	—
	主谓谓语句	大小主语是领属关系、大主语是受事	—	大、小主语是领属关系、大主语是受事	—
	连动句①	动作依次发生、目的关系、方式关系、正反关系、具有存在某条件②	—	后一个动作表示目的、前一个动作表示方式或工具	正反关系
	兼语句	使令意义、称谓认定意义、第一个动词为"有""是"、兼语句的特点、"叫""让"的区别	—	"叫""让"兼语句	使令意义、爱好或憎恶意义
	存现句	存在、出现、消失类存现句	—	存在、出现类	出现类、消失类
	比较句	"比"字句、"有"字句、"跟（同和）……一样（不同）"、"不如"、"越来越"、"越……越"	—	"比"字句、"有"字句、"像"字句、"跟"、"更"、"最"、"不如"、"越来越"、"越……越"	"不比"句、"比不上"句、"没有比"句

① 《实用》称作"连谓句"。
② 统计时不同的用法算作不同的语法点，以下同此。

续表

项目及语法点	教材	《实用》	《中级》	《图解》	"中等"
特殊句式	"把"字句	"主语+把+宾语+动词+宾语""主语+把+宾语+动词+结果补语""主语+把+宾语+动词+了""主语+把+宾语+动词重叠式"等6类	"S+把+N1+V在/到/向……+N2（地方）""S+把+N1+V成/作+N2""S+把+N+V+得+状态补语""S+把+N+V+得+趋向补语""S+把+N+V+得+结果补语""S+把+N+V+得+时量补语/动量补语"等11类，状语的位置	"主语+把+宾语+动词+在/到/给+地方"、"主语+把+宾语+动词+动词/形容词"、"主语+把+宾语+动词+趋向补语（重点在动词、宾语上）"、"把"字句的否定、能愿动词的位置	主语+把+宾语+动词+形容词
	"被"字句	"名（受事）+被+名（施事）+动+其他"、否定词的位置	"O+被S+VP"，与"叫""让"的关系	"主语+被/叫/让+宾语+动词+补语成分"、与"叫""让"的区别、否定词和能愿动词的位置、意义上的被动句	主语+为+宾语+所+动词
	"是"字句	等于类、属于类、判断类、存在类、解释性关系	—	判断类、存在类、"是不是"的用法	判断类
	"是……的"句	—	—	—	强调目的和动作者
	"有"字句	存在类、领有类、否定和疑问形式	—	领有类、存在类	领有类、具有类
	"连"字句	"连"后成分以及动词的特点	—	—	—
	"在"字句	"在"字句的宾语、动词的特点、否定形式	—	—	—

续表

项目及语法点		《实用》	《中级》	《图解》	"中等"
特殊句式	反问句	"不是……吗"、句中有疑问代词的反问句"形容词＋什么"	—	—	不是……吗
	"除了"句	—	—	除了……（以外），也/还/都……	
	否定句	—	—	二次否定句	双重否定句
	"非"字句	—	—	非……不可	非……不可
	"每"字句	—	—	每……都……	—
	"一……都"句	—	—	一……都/也＋没有/不	—
	"好容易"句	—	—	好容易/好不容易＋才……	—
	"再说"句	—	—	再说……	—
	固定格式	—	—	—	不……不；不……也；再……也；没有……就没有；愈……愈；说X就X；为……而；从……出发；管……叫；好你个X；看/瞧把……得；看你V的（瞧他V的）；……看N的（了）；V到N头上来；你V/A你的；哪有N这么V的（有N这么V的吗）；（V）X是X；……V/A是V/A，（就是）……；X是/归X，Y是/归Y；……V1也V1不得，V2也V2不得；V1又V2，V2又V1……；

续表

项目及语法点	教材	《实用》	《中级》	《图解》	"中等"
特殊句式	固定格式	—	—	—	A 就 A（点儿）……吧；V/A 了就 V/A 了呗，（没）有……；V 也得 VX，不 V 也得 V；不 V……，一 V ……；让/叫 NV，N 还真 V（呀）；让/叫你 V 你就 V，……；这/那也不……，那/这也不……；除了 X 还是 X

附表 4　三部教材及"中等"复句语法点

项目及语法点		教材	《实用》	《中级》	《图解》	"中等"
复句	联合复句	并列关系	(1) ……，也…… (2) ……，又…… (3) 又……又…… (4) 一面……一面…… (5) 一边……一边…… (6) 既……又…… (7) 不是……而是……	—	(1) 一边……一边…… (2) 又……又…… (3) 一方面……，另一方面……	—
		连贯关系	(1) ……，就…… (2) ……，才…… (3) ……，又…… (4) ……，然后…… (5) 一……，就…… (6) ……，于是……	—	(1) 一……就…… (2) 先……，再（又）……，然后……，最后……	……，于是
		选择关系	(1) 或者……或者…… (2) 要么……要么…… (3) 是……还是…… (4) 不是……就是…… (5) 与其……不如…… (6) 宁可……也/决不……	—	(1) 要么……，要么…… (2) 不是……，就是……	(1) 与其……不如…… (2) 与其……宁可……

续表

项目及语法点		教材	《实用》	《中级》	《图解》	"中等"
复句	联合复句	递进关系	（1）不但……而且…… （2）不仅……还/也…… （3）连……也/都……何况…… （4）……，甚至……	—	不但……，而且……	……，何况……
	偏正复句	因果关系	（1）因为……所以…… （2）由于……（因此）…… （3）之所以……是因为…… （4）既然……就…… （5）……可见……	—	（1）因为……，所以…… （2）既然……，就……	（1）之所以……是因为…… （2）……，以致……
		条件关系	（1）只要……就…… （2）只有……才…… （3）无论……都…… （4）不管……也……	—	（1）只要……，就…… （2）只有……，才…… （3）无论……，都……	（1）除非……否则…… （2）除非……才……
		假设关系	（1）如果……（的话）（就）…… （2）要是……就…… （3）假如……那么…… （4）倘若……	—	（1）要是……（的话），就…… （2）如果……，就……	（1）假如……就…… （2）要不是……（就）……
		转折关系	（1）……，只是…… （2）……，不过…… （3）虽然……，但是…… （4）……，可是…… （5）……，却…… （6）……，然而……	—	虽然……，但是/却……	……，反而……
		让步关系	—	—	—	就是……也……
		目的关系	—	—	—	（1）……省得/免得…… （2）……以便…… （3）……以……

新时期商务汉语教材的分析研究

——兼谈"一带一路"背景下的教材建设构想

上海大学国际交流学院　杨一飞

摘　要　本文搜集并分析了 2010 年后国内出版的 11 套共计 28 本商务汉语教材，它们成套化、系列化的出版趋向，涵盖由低到高所有教学阶段的内容设置，环节化、开放性的教学流程以及案例教学法的引进与实施，对新教材的编写具有积极的借鉴意义。本文提出了对新时期商务汉语教材编排的设想：教材应立足于"新"字，能针对沿线国家学生的切实需求并能展示"一带一路"背景下的中国及世界商务大环境。

关键词　商务汉语　教材　"一带一路"　构想

一　引言

随着中国经济的高速发展与国际地位的提高，中国在全球化进程中扮演着越来越举足轻重的角色。国家之间密切的贸易往来推动了汉语热，各国学生对于商务汉语的学习热情也不断高涨。越来越多的学习者出于求职、贸易、开展商务活动等目的开始接触汉语，他们有着强烈的学习动机与明确的目标。在这样的背景下，现有教材能否切实有效地满足学生对商务汉语的学习需求，便成了大家探讨的一个重要问题。

正文之前，我们有必要先来看一下"商务汉语教学"与"教材评估"这两个核心概念。商务汉语教学属于特殊用途汉语教学（teach chinese for special purpose）的一种，主要教授具有商务特色的实用型汉语语言知识，包括商务情境下的高频专业词汇与句型、表达方式与庄重语体、商务礼仪与跨文化交际技巧等，其本质还是一门语言课。商务汉语与普通语的边界是开放的、模糊的，其内容不仅局限于单纯的对外贸易实务，还被扩展到消费、服务、传媒、信息、科技等各个相关领域，一切与商务活动有关的语言、文化、礼仪、社会规范、政策法律知识，都被纳入"大商务"的框架中（袁建民，2004）。在实际的教学中，我们应遵循"介绍适度原则"，点到即止。教师应始终牢记，能够在商务活动中运用恰当的语言得体地完成交际任务，处理实际问题，才是商务汉语教学的最终目标。

再看教材的评估，其本质上是评估主体（学生、教师等评估者）对评估客体（教材属性与相关联系）的判断过程，可以通过衡量学习效果来测量教材价值，也可根据特定标准或原则对教材的设计和实施进行评议和估量（谭萍，2017）[①]。评估做到位，才能使教材更好地为教学目标服务，为教学实施提供可靠的保证。以评估的眼光分析新时期出版的商务汉语教材，正是本文的写作出发点与立论基础。

二 商务汉语教材与研究现状

自 1982 年《经贸洽谈 500 句》出版以来，商务汉语教材的编写逐渐引起学界的重视。1991 年北京语言大学出版社的《汉语外贸口语 30 课》是最早供长期进修汉语的在校留学生使用的商务汉语教材。20 世纪 90 年代末，相关教材的编写进入加速期，2000 年开始，基本每年都有新作问世，其中不乏经典的优秀作品，如《实用商务汉语》、《成功之道》、《新丝路》系列、《经理人汉语》系列等。这些教材题材广泛、风格多样，既在一定程度上满足了日益增长的市场需求，又极大地推动了商务汉语教学的发展。

教材的设计反映出编写者对商务汉语的理解、对教学目标的设定、对读者对象的甄别以及对对外汉语教学理论的运用，对教材的评估研究无疑将帮助我们深化对商务汉语教学的认识。与一般的对外汉语教学研究相比，商务汉语教材的研究无论从质量还是数量上来说，均处于起步阶段。笔者试着以"商务汉语教材"为关键词，在中国知网进行模糊检索，仅得到论文108 篇，其中 50 篇为汉语国际教育或对外汉语教学专业的硕士毕业论文。[②]

---

① 本文的教材评估主要指后者。
② 数据采集时间截至 2017 年 11 月。

论文的研究对象主要集中在两大方面。一是对教材总体编写的探讨，包括对商务汉语的认识，对教学对象的界定，对教学内容的选择、架构等。杨东升（2003）率先指出我国的商务汉语教材不能满足日益增长的"汉语热"需要。杨文从教学对象、教学目的两方面阐述了商务汉语教材的特殊性，并提出了教材编写原则。紧接着，袁建民（2004）从教学对象、概念理解、教学目的等角度入手，明确了对"商务汉语"的认识，分析了商务汉语课程的类型、语言特色与知识点规划，以及教材编写应遵循的原则。关道雄（2006）则更细致地审视了商务汉语教材的范围和内容等问题，并对比商务英语教材的编写成果，提出了一种架构开放的、以通用和实用为核心的教材编写新思路。三篇论文均认识到了已有教材在数量、内容、编写理念等方面存在的问题，也努力寻找原因并提出了一些可供借鉴的原则与方法。

二是对教材词汇选择的探讨，其中以周小兵、干红梅（2008）的研究最为典型。该研究以 10 部商务汉语教材为对象，考察了《（汉语水平）词汇等级大纲》中的商务词汇，分析各教材的生词等级、共选词语、高频词和语素，从中发现问题并探讨相关原因。文章论述了编写商务汉语词汇等级大纲的必要性，并提出了一些编写的基本准则与做法。类似的还有辛平（2007）的研究，也是从分析现有教材入手，结合语料统计数据，确定教材中商务领域的范围，并依据现有的《商务汉语考试大纲》对各级词语数量、水平等级进行定量、定性的分析，从而构建起商务领域词语等级参数模型。相关论文对于专业汉语教学的进一步科学化、规范化有着推动作用。

2010 年以来，有关商务汉语教学的研究成果明显增多[①]，并表现出如下特点：①研究角度各异，包括词汇研究、历时研究、学习者需求研究、课型研究、练习编写研究等；②个案研究为主，主要是针对某一本或系列教材的分析研究；③对比研究突出，包括各系列、各级别教材之间、英汉商务教材之间，不同出版媒介之间的对比研究。必须承认，对商务汉语教材的既有研究取得了一定的成果，大家看到了编写水平的逐步提高，也发现了存在的种种不足，并意识到教材评估不可泛泛而谈，必须根据具体内容细致分析。但可惜的是，已有研究讨论的教材大多为 20 世纪末至 21 世纪初出版的作品，时效性较差，无法代表商务汉语教材最新的编写水平，也没

---

① 2010 年后出版或完成的相关论文共 85 篇，占总数的近 80%。

有与眼下的经济政策、社会现象结合起来进行考虑，由此提出的一些建议与措施在实际的可操作性上也就大打折扣。由此，本文拟搜集整理 2010 年后出版的最新商务汉语教材，具体分析其内容与特点，并在此基础上提出自己对新时期"一带一路"背景下的商务汉语教材的编写构想。

三　对 2010 年后出版的商务汉语教材的
分析研究：共性与差异

　　笔者对 2010 年后国内出版的商务汉语教材进行了收集整理，共得到以下 11 套 28 本教材（按出版时间顺序排列，详见表 1）①。

表 1　2010 年后出版的国内商务汉语教材汇总

教材编号	教材名称	出版时间	出版社
A	《成功商务汉语》（英语本）	2011 年 6 月	高等教育出版社
B	《卓越汉语系列：商务致胜》（1–5）	2011 年 8 月至 2012 年 8 月	外语教学与研究出版社
C	《经贸汉语阅读教程》	2012 年 2 月	北京语言大学出版社
D	《纵横商务汉语》（系列教程）	2012 年 2 月至 2013 年 4 月	高等教育出版社
E	《商务汉语 800 句》	2012 年 7 月	商务印书馆
F	《尔雅中文：高级商务汉语会话教程》（上）（中）（下）	2012 年 12 月至 2013 年 7 月	北京语言大学出版社
G	《纵横商务汉语》（案例系列教程）	2013 年 7 月至 2015 年 9 月	高等教育出版社
H	《经贸口语高级口语——公司案例篇》	2013 年 8 月	北京大学出版社
I	《新商务汉语精读教程》（上）（下）	2014 年 9 月至 2015 年 1 月	清华大学出版社
J	《BCT 标准教程》（1–3）	2015 年 10 月至 2016 年 1 月	人民教育出版社
K	《商务汉语 101》	2016 年 7 月	外语教学与研究出版社

　　这些教材在以下三方面表现出一定的相似性。

---

①　由于笔者个人精力有限，收集的教材信息或有错漏，敬请谅解。文中所有错误，概由笔者本人负责。

（一）对象上：初级趋向，成套出版

早期的商务汉语教材绝大多数面向中级或中级以上水平的学习者，针对零起点或初级阶段学习者的教材较少，实践下来也并不成功。但从近年出版的教材来看，似乎有越来越多的编写者试图从初级阶段就展开商务汉语的教学。其中，《商务汉语101》《成功商务汉语》明确表示自己是专为初学者编写的，后者全书仅有300个生词；《BCT标准教程》与《卓越汉语系列：商务致胜》的编写遵循BCT大纲，第一册对应改版前的BCT一级水平，即学习者尚未具备在商务活动中运用汉语进行交流的能力；《经贸汉语阅读教程》是经贸类专业预科生的专业汉语必修教材，学生只要学完甲级现代汉语基本语法并掌握500个左右的常用词便可学习；《纵横商务汉语》的《中级阅读教程1》也只要求学生掌握600个词语。以上6套教材占我们所统计出版物数量的一半以上。商务汉语教学内容难度的降低，一方面受其旺盛的学习需求影响，另一方面也体现了教材对学习者的迎合。

出版方面，除《商务汉语101》《商务汉语800句》两本"自学手册"以外，其余教材或隶属于某一系列课本，或涵盖不同等级、分化出不同技能训练，自成系统。如《经贸汉语高级口语——公司案例篇》是《经贸汉语口语》（初、中、高）系列教材中高级篇《经贸高级汉语口语》的姐妹课本，《经贸汉语阅读教程》也是"来华留学生专业汉语学习丛书之经贸汉语系列"的其中一本。《纵横商务汉语》系列目前已出版了准中级阅读教程1本、中级口语教程1本、中级阅读教程2本及高级综合教程2本；以"案例"为特色的另一条线上则已出版案例教程1本、跨文化交际案例教程1本、日本企业案例教程2本。教材的成套、成系列化趋势既与教学内容的丰富与复杂程度相关，也反映出编写者考虑了不同等级的学生在不同言语技能上的需求。

（二）内容上：传承有余，创新不足

内容编排上，11套教材大致可分为三类。

一是以某商务人士可能参与的各项活动环节为线索（A、B、D的中级阅读教程，J，K），这也是自20世纪90年代起商务汉语教材最为普遍的一种内容编写框架。初级教材涵盖与社会生活息息相关的"介绍寒暄、招聘应聘、饭局应酬、商务旅行、办公室内外"等场景，中高级教材则涉及更为专业的"参展、采购、推销、议价、装运、产品说明、包装、谈判"等环节。此类教材模拟真实的商务场景，具有很强的实用性，但其缺点也是显而易见的：初级阶段的教材与通用汉语在话题上区别不大，未能体现真正的商务特色；中高级阶段的"采购、参展、议价、询盘"等环节受众面较窄，很大一部分学生在实际工作中并不会涉及。另外，关于"索赔、纠纷、侵权"等的政策法律类知识难度太大，过于专业。

二是以商务活动的相关主题为线索（C、E）。以《商务汉语800句》为例，全书包括投资、管理、人力资源、金融、纠纷、礼仪等18个主题，每个主题下又分成2~5个次主题。此类教材可以使学习者对商务相关知识有较为全面的了解，但每个话题都是泛泛而谈，不够深入，更适合作为经贸方向学生的知识预备类教材。

三是以某著名企业案例或热点事件为切入点，教授相应的商务内容（D的高级综合教程、G、H、I），这是较为新颖的一种编排模式。以《纵横商务汉语：高级综合教程2》为例，第二课通过"全聚德"与"南翔小笼"的案例，讨论了中华老字号向时尚餐饮转型的话题；第四课则就伊利公司的案例探讨了企业危机公关的处理艺术。此类教材的优点是典型性、趣味性强，案例"主人公"多为知名在华企业，课文由真实的新闻报道或商业评论改写而来，教师可以较为轻松地组织讨论，引导学生熟悉中国商业环境与特点，并进行深度思考。此类教材数量尚不占多数，且存在案例选择较为随意、话题过于分散等问题。

（三）编排上：碎片教学，环节开放

2010年后出版的商务汉语教材，绝大部分都有着具体的学习目标、清晰的教学环节与步骤，这既方便了教师的课堂组织，又有利于学习者的自学。就拿零起点的《商务汉语101》来说，全书10个主题单元被细化为101个情景话题，每个话题以核心句开头，后接句型与替换、扩展、对话实例、相关词语、文化导航等小单元。再以《经贸汉语阅读教程》为例，每一课包括学习目标、热身、略读、课文、生词、学习普通词语、学习常用表达式、学习专业词语、学习课文、阅读与讨论、扩展阅读11个部分。一篇课文被拆解成了一个个小的学习任务，学习者既可以进行系统学习，又可以只花几分钟"专攻"某一模块。

显然，越来越多的教材考虑到了适用对象的特殊性。许多商务人士工作繁忙，很难找到大块儿时间进行系统学习，环节化、碎片化的设计正满足了他们快节奏、多任务的学习需求。教材普遍受到了任务型教学法（task-based language teaching）的影响，将复杂的大任务拆解为循序渐进、容易处理的简单小任务，这些任务在有效缓解学生畏难情绪的同时，也增加了教材的趣味性与实用性。

从言语技能来看，多数商务汉语教材以训练口语（A、E、F、K）与阅读技能（C、G、H、I）为主，也有一些将听说读写融为一体的综合教材（B、J）①，暂未发现 2010 年以后出版的训练听力或写作等单项技能的教材。同时我们也注意到，教材普遍安排了知识扩展的环节，包括补充阅读、综合讨论、替换练习、文化介绍、小测试等。多数练习配有答案，给学习者提供有效的自查与评价标准，同时展示相关专业、文化内容，引导有兴趣、有余力的学生继续深入学习，体现出较强的开放性。

当然，各家教材在体现共性的同时，也存在不少差异。除上文所述的初级教材以外，其他 5 套出版物中，《新商务汉语精读教程》要求学生具有新 HSK 四级水平，算是较为适合中级程度学习者的一套教材。11 套教材中有 3 套（F、G、H）对学习者的汉语水平提出了较高要求，《尔雅中文：高级商务汉语会话教程》面向汉语言专业经贸方向本科三年级学生，要求学习者已经掌握 3500 ~ 4000 个汉语常用词语和基础语法。除教学对象的选择上差异明显以外，教材的课时安排也有显著不同。同样是用于一学期的教材，有少至 10 课的，有多至 33 课的，部分教材甚至并未标明每课的具体学时。由此可见，跨度广、差异大、极端化已经成为商务汉语教材的一大特点。

四 新时期商务汉语教材建设的立足点："时效性"与"针对性"

通过对最新商务汉语教材的分析研究发现，其成套化、系列化的出版

---

① 此处的"阅读"包括"精读"，另外《纵横商务汉语》系列教材包括了阅读、口语、综合等各项技能训练教程，故未统计在内。

趋向，涵盖由低到高所有教学阶段的内容设置，环节化、开放性的教学流程以及案例教学法的引进与实施对我们新教材的编写具有借鉴意义。此外，教材普遍遵循了实用性、知识性、趣味性、科学性的编写原则，兼顾商务汉语交际性、专业性的特点，文体风格正式、典雅、庄重，选择的商务场景典型、真实，这些都值得我们学习。

与此同时，我们也看到了这些教材的不足，主要表现在以下方面。

（1）时效性差。多数教材缺乏对当代经济环境与商业运作特点、最新行业热点的介绍。以"电子商务"为例，11套教材中仅有4套提及，不到总数的一半，即使涉及也将重点放在介绍邮件往来、电子银行等方面，并未提到如今更为通行的手机支付、扫码付款等现象，也无一本教材谈及共享经济、高铁输出等热点事件。当然，我们十分理解编写者在时效性与通用性上的"两难"境地，考虑到教材的发行时间与受众面，有时不得不在时效性上有所牺牲。

（2）针对性差。教材只考虑了学习者水平与技能的差异，没有考虑学习者国家的不同，专门针对某一地区、某些特定需求的教材少之又少。一些教材虽然被翻译成不同的外语版本，但并未在内容上做出实质的区分。11套教材中，仅有《纵横商务汉语（日本企业案例教程)》在这方面做了有益的尝试。来自不同国家的学习者文化背景不同，与中国开展商务活动的侧重领域也各不相同，这将直接影响到教材话题与跨文化交际内容的选择。

（3）一致性差。长期以来，学界一直缺乏统一的商务领域词语等级标准，各家对于商务专业词语的定义、数量、难度、与通用汉语在教材中的比例等问题持不同看法，这直接导致了教材之间核心词汇差异大、超纲词语[1]比例高、同级别教材难度分化等现象，给教材的编写、评价都带来了重重困难（辛平，2007）。

2013年9月和10月，习近平主席在出访中亚和东南亚国家期间，先后提出共建"丝绸之路经济带"和"21世纪海上丝绸之路"的重大倡议，得到国际社会高度关注。五年时间里，中国政府积极推动"一带一路"倡议，加强与沿线国家的沟通磋商，推动与沿线国家的务实合作，实施了一系列政策措施，并收获了丰硕的早期成果。语言互通是中国与沿线65国建立设

---

① 此处"超纲词语"的"纲"指《汉语水平词汇与汉字等级大纲》。

施、资金、政策等多方面沟通的基础，随着国家之间在经济、文化、贸易往来上的不断深入，语言的支撑作用日益凸显，沿线国家对学习汉语的热情不断高涨，这从各国留学生的人数增长上就可见一斑。

2015 年教育部发布的全国来华留学生数据显示，来华留学生数量最多的前 15 个国家中，与"一带一路"倡议紧密相关的就占了 10 席以上[1]，"一带一路"沿线国家成为来华留学重要的生源发力点。前十大生源国中，印度、巴基斯坦和哈萨克斯坦留学生人数同比增长均超过 10%。针对这一情况，仅仅更改翻译语言的通用型商务汉语教材显然是无法切实满足沿线国家学生的学习需求的。通用型教材一般默认以欧美或日韩学生为教学对象，忽略了他们与沿线其他国家学生在民族性格、宗教信仰、认知体系、学习策略上的不同；内容方面也不能体现中国与沿线国家在经贸合作、商务交流上的最新成果，教材中没有出现那些最贴近生活的热点词汇，反而教授了大量"无用武之地"的表达与案例，严重影响了教学效果，也抑制了学生的学习热情。如《经贸口语高级口语——公司案例篇》中第 20 课"湛江特大走私受贿系列案"、第 28 课"广东国际信投破产案"都已经是 20 世纪 90 年代的案件了，在中国其他地区也并未造成很大的影响，将其作为留学生的精读材料，显然是不太合适的。

五 新时期商务汉语教材建设的具体构想：立足于"新"

基于上面的分析，我们大胆提出关于新时期商务汉语教材的一些构想。

（一）教材应立足于"新"

（1）参照新。长期以来学界缺乏统一的商务领域词语标准，可喜的是这一问题已得到了一定程度的解决。北京语言大学出版社 2012 年 4 月出版了《经贸汉语本科教学词汇大纲》，以科学严谨的统计方法列出了初、中、高三个级别的基本词语 8127 个，其中含经贸汉语教学核心词汇 4682 个，涵

---

[1] 详见教育部网站，http://www.moe.edu.cn/jyb_xwfb/gzdt_gzdt/s5987/201604/t20160414_238263.html。

盖本科教学一至四年级的需求。该词汇大纲的问世无疑为商务汉语教材编写过程中词汇的选取提供了强有力的参照标准。同时，高等教育出版社分别于 2014 年和 2015 年出版了《商务汉语考试 BCT（A）（B）大纲》与《商务汉语能力标准》，再结合现有的通用汉语词汇等级大纲与已有商务教材中共选的高频词汇，新编写的教材在词语的选取方面一定会做得更好。

（2）话题新。近年来，中国逐渐摆脱了"西方经验"的框架，走出了一条中国式自主创新的经济发展新道路。"共享经济""无现金社会""中国制造的全面升级""高铁输出""亚投行组建"等现象为世界瞩目，阿里巴巴、腾讯、华为、百度等一批年轻企业迅速崛起，中国经济与企业的新面貌、新成就正是留学生的学习兴趣点。因此，中国本土企业是如何强势崛起的，它们在"一带一路"倡议中与沿线国家企业是如何积极互动的，其中较为典型的如华为公司的品牌设备输出、阿里支付平台的全球化案例等，都应是新时期商务汉语教材不可缺少的重要内容。

（3）手段新。新时期的商务汉语教材应能体现最新的科技成果，跳脱出传统的"课本＋光盘"模式，而以慕课等网络平台为依托，将文字与声音、图像、视频等网络资源有机地结合起来，营造立体的教学模式。教材编写团队还可在网上搭建交流平台，随时对学习者的疑问给予解答，同时也及时接收第一手的反馈信息。

（二）教材应能针对"一带一路"沿线国家学生的切实需求

（1）话题选择上的"针对性"。根据不同国家的区域经济特点及其与中国合作的经济项目，增加相关的经贸专题，引进不同的商业教学案例①。拿南亚八国来说，中巴经济走廊、巴基斯坦－卡洛特水电站项目、印度新德里－孟买高铁项目、中马友谊大桥便是鲜活生动的好材料，而中欧班列、航空物流中心等话题则是针对中东欧沿线国家教材的上佳内容。这些发生在学习者身边的真实事件实用性强，趣味性、时效性佳，能更好地激发学生的学习热情。

（2）文化上的"针对性"。跨国商务活动是在文化背景不同的交际主体

---

① 鉴于沿线国家数量较多，我们设想的"针对性"教材首先以地区为单位开展编写工作。将来在条件成熟的情况下，考虑编写国别化教材。

间进行的，除了语言能力以外，交际者的社会文化能力也是决定商务活动能否顺利进行的重要因素。以俄罗斯与中亚国家为例，那里的人民性格直接，追求绝对的是非黑白（钱敏汝，1997），他们与信奉中庸之道的中国人开展商务活动，就可能产生文化交际障碍。好的教材应根据沿线地区与国家的不同文化特点，模拟真实的场景，将商务活动中可能出现的冲突、困难展现给学生，帮助他们理解中国式商务文化，学习中国式思维，培养其在沟通中自觉运用跨文化意识进行思考、认知和交际的能力。

六　结语

可以肯定的是，借着中国经济的高速发展与"一带一路"倡议的东风，商务汉语热还将持续很长一段时间。商务汉语的传播在汉语国际推广战略中具有不可或缺的重要地位，希望本文的研究能为新时期商务汉语教材的编写提供一些有益的材料与思路，推动一批兼顾实用性、时效性、趣味性与知识性的优秀教材的设计与出版，更重要的是以"质"促"量"，带动对沿线国家教材的重视与研究，以此为契机打造系列教材品牌，从而真正达到更好地传播中华商务文化、培养通晓汉语的商务人才的目的。

参考文献

关道雄，2006，《商务汉语教材的范围、内容和开放式架构设计》，《国际汉语教学动态与研究》第 2 期。

韩红，2012，《国际商务汉语年度报告》，高等教育出版社。

路志英，2006，《商贸类汉语教材编写和研究的基本情况述评》，《云南师范大学学报》（对外汉语教学与研究版）第 5 期。

廖运琳，2016，《案例教学法在商务汉语教学中的应用研究》，广西大学硕士学位论文。

钱敏汝，1997，《跨文化经济交际及其对外语教学的意义》，《外语教学与研究》第 4 期。

谭萍，2017，《对外汉语教材评估研究现状、问题及对策》，《云南师范大学学报》（对外汉语教学与研究版）第 4 期。

辛平，2007，《面向商务汉语教材的商务领域词语等级参数研究》，《语言文字应用》第 3 期。

杨东升，2003，《商务汉语教材编写初探》，《辽宁工学院学报》第 1 期。

袁建民，2004，《关于"商务汉语"课程、教学和教材的设想》，《云南师范大学学报》（对外汉语教学与研究版）第 2 期。

赵金铭，1998，《论对外汉语教材评估》，《语言教学与研究》第 3 期。

周小兵、干红梅，2008，《商务汉语教材选词考察与商务词汇大纲编写》，《世界汉语教学》第 1 期。

A Study on Business Chinese Textbooks in the New Period
—Thinking on the Textbook Design under the
Background of "The Belt and Road"

Abstract：This paper collects and analyzes 11 sets of 28 Business Chinese textbooks published in China after 2010. They are characterized by set-and-serialized, level-designed, learn-centered and open-minded as well as the inclusion of case study. These enlighten the design of the textbooks. The paper puts forward that the business Chinese textbook should be centered on the up-to-date feature to meet the business demand of countries along "the Belt and Road" route in the current business environment of China and the world.

Keywords：Business Chinese；Teaching Materials；The Belt and Road；Textbook Design

作者简介

杨一飞　博士，上海大学国际交流学院讲师，研究方向为对外汉语教学。[scorpionyyf@ 126. com]

中美初级汉语教材生词对比研究

——以《博雅汉语》和《中文听说读写》为例

华侨大学华文学院　吴辰禧

华侨大学华文教育研究院　郝瑜鑫

华侨大学华文学院　盛译元

摘　要　通过对中美具有代表性的初级汉语教材《博雅汉语》和《中文听说读写》的生词进行研究发现：①《博雅汉语》在生词量、生词量增幅上更合理；《中文听说读写》则在生词重现、索引表上更科学；②两套教材在生词等级分布上都遵循循序渐进的规律，但都存在释义方法单一的缺陷。因此，编写初级汉语教材应控制好生词数量和等级，注重注释，注意其针对性、科学性和跨文化性；应增加生词理解性练习，科学提高生词重现率。

关键词　对外汉语教材　生词　《中文听说读写》《博雅汉语》

一　引言

教材是教师教学和学生学习的基本依据，佟秉正（1991）指出："在外语教学中，初级入门教材是最重要的。"因此，初级汉语教材的编写会对学习者的整个学习过程产生重要影响。在构成初级教材的各要素中，词汇要素举足轻重。语言教学经验告诉我们，词汇学习贯穿语言习得的整个过程，习得一门语言，必须要掌握好这门语言的词汇，尤其对零基础的学习者来说，词汇的掌握情况直接关系到其语言水平和运用目的语沟通的能力。所以说，生词的处理是所有语言教材编写的重点环节。

目前学界有关对外汉语教材的研究成果颇丰，这些研究大致可分为两类。一是有关教材编写理论的宏观研究。多位学者立足宏观视角，对对外汉语教材的编写情况进行探究，同时对日后的教材编写提出建议，如李泉（2002）认为，应该将新一代教材的理论探讨和基础性研究相结合，没有新思路编不出新教材，没有基础性研究也编不出真正更新换代的教材。二是针对具体汉语教材的对比研究。如张宁宁（2011）、李知莲（2013）分别从生词、语法、课文、练习等项目对所选教材进行分析，发现其优缺点，并据此对各个项目提出编写建议。已有文献中，对中美初级汉语教材进行对比研究的成果不多，我们查阅到的较具代表性的文献如下。刘珍（2013）同样以《中文听说读写》和《博雅汉语》两套教材为研究对象，针对生词数量、生词表的出现位置、生词拼音及词性标注、生词注释、生词等级分布情况及生词增长趋势进行数据统计，但是该研究只停留在数据统计层面，并没有针对统计结果展开分析。瞿晓华（2013）以母语为英语的高中生所使用的两套教材为研究对象，从生词量、生词等级和生词注释三个方面展开统计与分析。研究发现两套教材在每课生词量上具有较高的一致性；根据生词等级分布统计，瞿文认为两套教材选词比较科学，符合初级汉语教材生词的编写规则；从科学性角度出发比较两套教材的生词注释，瞿文认为《欢迎：中学汉语课本》的生词注释方式更为严谨。

可以看出目前已有研究大都是对其中一套教材的分析，或者只针对两套使用范围相同的汉语教材进行研究，对中美初级汉语教材的对比分析较少，尤其对教材某一特定项目的研究相对较少。我们选取的教材均为最新版，相关研究成果还不多。因此，我们以初级汉语教材中的生词为研究对象，通过对比法、图表法、数据分析法，对所选两套教材的生词项目进行研究，希望能够得出较为细致的研究结论，为对外汉语初级教材生词部分的编写提供一些参考，从而使学习者在基础阶段更加高效地掌握生词内容，同时促使教师更好地利用教材开展教学。

本文分别选取中美较具代表性的初级汉语教材作为研究对象，选用教材的基本情况如下。

《博雅汉语》（第二版）是由李晓琪教授主编，于2013年由北京大学出版社出版的系列教材；该系列教材共九本，分为四个阶段：初级起步篇共55课、准中级加速篇共18课、中级冲刺篇共22课、高级飞翔篇共30课。

《中文听说读写》（第三版）是由姚道中、刘月华教授主编，于2009年由美国波士顿剑桥公司（Cheng & Tsui Company）出版，全套书共四本，分两个阶段：Level 1 和 Level 2。每个 Level 又分两个 Part；每个 Level 有 20 课，总共 40 课。

最后，分别选取《博雅汉语》（初级起步篇）Ⅰ、Ⅱ册和《中文听说读写》Level 1 的 Part 1、Part 2 进行研究。①

选择这两套教材的原因如下。

（1）两套教材具有较强的代表性。分别由权威出版社出版，教材质量高。《博雅汉语》在国内使用量较大。《中文听说读写》在美国高校的使用量排在第一位（王晓钧，2004）。

（2）两套教材的自身定位和使用人群相同，均为初级汉语综合课教材，设计的使用对象均为零基础的学习者。

（3）两套教材的出版和使用时间基本相同。我们选取的两套教材的版本均为 2000 年以后的修订版。对这两个新版本进行对比，更能发现最新的教材编写特征。

二 两套教材生词项目的对比分析

2.1 生词量及生词等级分布的对比分析

2.1.1 两套教材的生词量及其对比分析

我们对两套教材的生词总量和单课生词量等项目进行统计，得到了如下结果。

表 1 两套教材有关生词量的数据统计

教材		课数	单册生词总量（个）	各册平均每课生词量（个）	全书生词总量（个）	全书平均每课生词量（个）
《博雅汉语》初级起步篇	Ⅰ	30	684	22.8	1462	26.6
	Ⅱ	25	778	31.1		

---

① 后文中如出现"第一册""第二册"，《博雅汉语》则指（初级起步篇）Ⅰ、Ⅱ册，《中文听说读写》则指 Level 1 的 Part 1、Part 2。

续表

教材		课数	单册生词总量（个）	各册平均每课生词量（个）	全书生词总量（个）	全书平均每课生词量（个）
《中文听说读写》Level 1	Part 1	10	407	40.7	782	39.1
	Part 2	10	375	37.5		

根据表 1 的统计结果，《博雅汉语》的全书生词总量和单册生词总量都高于《中文听说读写》，我们认为这是由学习者的课程设置和所处语言环境决定的。《中文听说读写》是大多数美国高校使用的本土教材，其编写符合美国高校汉语教学的实际情况。盛译元（2016）指出美国汉语教学的"课程类别主要有两类，一类必修课，另一类选修课，以初级阶段汉语课程为主，不同层次或类型的汉语课课时基本相同。以芝加哥大学为例，每周汉语课时约为 1~5 个小时，每个学期约 40 个小时。"由此看出，美国高校的各类汉语课程在课时上无法达到国内汉语言专业的课时标准，而且作为选修的汉语课基本上以综合课型出现，也不像国内汉语言专业有较为系统的课程设置。若是编入过多生词会增加教师和学生的负担，不仅无法取得教学效果，甚至可能降低学生的学习兴趣。从所处语言环境来看，《博雅汉语》所处的语言环境为汉语，学习者以汉语为交际语言，对词汇的需求量大；《中文听说读写》的语言环境则是英语，汉语仅在课堂等特定语言环境或少数群体中使用，词汇需求量相对较小。

但是，两套教材由于课数设置的不同，生词的平均数量差异很大：《中文听说读写》的单册平均每课生词量和全书平均每课生词量都高于《博雅汉语》。我们认为是两套教材在课数设置上的不同导致了全书平均每课生词量的较大差距。《博雅汉语》虽在生词总量上高于《中文听说读写》，但是其课数设置远大于《中文听说读写》——如《博雅汉语》第一册共 30 课，比《中文听说读写》第一册多了 20 课。两套教材在平均每课生词量上的差距会对教学效果产生重大影响：《中文听说读写》第一册内容量过大，教师和学生都十分疲惫，教学效果难以令人满意（洪琳，2012）；《博雅汉语》则不存在这种状况，相比《中文听说读写》，它课数多，平均每课词汇量较少，不会给教师和学生带来较大的压力。因此，我们认为《博雅汉语》对生词总量及每课生词量的控制更为合理，符合初级汉语学习者的接受程度。

2.1.2 两套教材生词增长趋势及其对比分析

《博雅汉语》第一册、第二册的生词总量呈递增趋势，符合对外汉语教学中由易到难、循序渐进的规律，但《中文听说读写》明显没有遵循这一规律，第一册至第二册的生词总量呈递减趋势。因此，我们认为《博雅汉语》对于生词总量增长的控制要优于《中文听说读写》。

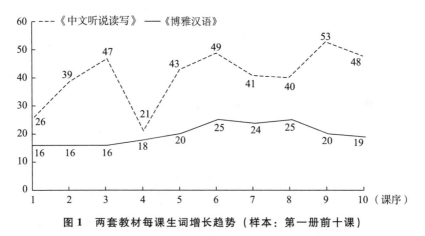

图 1　两套教材每课生词增长趋势（样本：第一册前十课）

由图 1 可以看出，《博雅汉语》每课生词量呈递增趋势，而《中文听说读写》起伏较大，无规律可循。《博雅汉语》前三课生词量持平，从第四课开始逐渐上升，增幅平缓，我们认为这符合对外汉语教学中由少到多、循序渐进的教学规律；而《中文听说读写》第一课生词量为 26 个，到第三课便涨至 47 个，又在第四课骤降至 21 个，后五课的生词量涨幅也没有规律可言。据此，我们认为《中文听说读写》在每课生词量的控制上过于随意，没有规律；如此编排不利于学习者学习汉语，可能会在初期给学习者带来过大的学习压力，甚至导致学习者丧失对汉语的学习兴趣。因此，不管是第一册至第二册生词总量的编排，还是单册每课之间生词量的安排，《博雅汉语》都优于《中文听说读写》。

2.1.3 两套教材生词等级分布及其对比分析

根据汉办的《汉语国际教育用音节汉字词汇等级划分》对两套教材生词等级分布进行统计，结果如表 2 所示。

表 2　两套教材生词等级分布

单位：个

等级	《博雅汉语》初级起步篇				《中文听说读写》Level 1			
	Ⅰ		Ⅱ		Part 1		Part 2	
	生词量（个）	占总量百分比（%）	生词量（个）	占总量百分比（%）	生词量（个）	占总量百分比（%）	生词量（个）	占总量百分比（%）
一级词汇	500	81.30	436	65.36	373	96.38	231	73.10
二级词汇	97	15.77	177	26.54	12	3.10	72	22.78
三级词汇	17	2.76	53	7.95	2	0.52	12	3.79
附录词汇	1	0.17	1	0.15	0	0	1	0.31

　　生词等级分布的统计数据显示，两套教材生词中的一级词汇数量最多，符合初级汉语综合课教材的词汇大纲的要求。纵向比较，不同等级生词的数量按词汇等级呈递减趋势；横向比较，第二册的一级词汇少于第一册，而二级、三级词汇则多于第一册，这也符合语言学习由浅入深、循序渐进的规律。然而，通过对各级生词占单册总生词的百分比进行统计，我们发现两套教材仍然存在差异。两套教材一级词汇都是全书生词的主要部分，但是观察二级词汇和三级词汇占比情况，《中文听说读写》中二级、三级词汇所占生词总量百分比明显低于《博雅汉语》。我们认为这是教材生词编写是否参考相对应的词汇等级大纲所导致的差异。《博雅汉语》作为国内编者编写的适用于来华留学生学习汉语的教材，参照 HSK 等级大纲对各等级生词的选取进行合理安排。《中文听说读写》则是由长期从事海外汉语教学的编写者针对当地汉语教学的实际情况所编写的一套教材，不一定参考 HSK 等级大纲进行编写。因此，两套教材二级、三级词汇占总生词量的百分比出现较大差别。根据以上分析，我们认为两套教材在生词等级分布的控制上基本符合初级汉语教材的编写要求，《中文听说读写》可以适当扩大二级、三级词汇在总生词量中所占比例，为学生下一阶段的学习打好基础。

2.2　生词注释的对比分析

2.2.1　词性标注

　　两套教材的相同之处在于，二者均采用英文简称来标注词性，都在编写说明中附上了对应的语法简称表，但是也存在不同。首先，在语法简称表的编排形式上，两者存在不同。《博雅汉语》简称表的编排形式是"缩写—英文名称—中文名称—拼音"，《中文听说读写》简称表的编排形式则是"缩写—英文名称"。其次，词性分类略有不同。《博雅汉语》分为形容词、副词、助动词、连词、叹词、量词、名词、数词、拟声词、助词、专有名词、介词、代词、数量词、动词 15 种词性，短语分名词短语、动词短语；而《中文听说读写》有 16 种，没有拟声词和数量词，但比《博雅汉语》多了时间词、疑问助词和疑问代词，并将动词分为动补式动词（VC）和动宾式动词（VO）。

我们认为《博雅汉语》简称表的编排形式更为妥当。《博雅汉语》和《中文听说读写》都采用英文简称来标注词性，有利于以英语为母语或媒介语的学生更迅速地理解生词词性，在这一方面，二者不分优劣。但是从汉语学习的长远角度来看，《博雅汉语》简称表的编排形式更为合理，因为它把缩写与中英文名称及汉语拼音相联系，可以帮助学生逐渐摆脱对母语或媒介语的依赖，有利于学生更好地融入汉语的学习环境。这样一来，《博雅汉语》既能降低学习初始阶段的难度，又能促使学习者更好地掌握生词的词性。在词性标注方面，我们认为两套教材不相上下，都还有需要改进的地方，可以相互学习，以进一步细化词性标注，方便学生使用教材。

2.2.2 英文注释

两套教材虽然都采用英文作为媒介语进行词语释义，但是我们认为其原因存在一定差别。《博雅汉语》是国内留学生使用的汉语教材，班级成员第一语言成分复杂，因此采用了通行的媒介语——英语作为教材生词的注释用语。《中文听说读写》则是针对美国汉语教学编写的教材，大多数学习者的第一语言为英语，因此采用英语作为生词注释的语言。

另外，两套教材在英文释义的内容上存在差异，我们主要从释义准确性的角度进行对比。

表 3　两套教材中生词"认识"的注释

教材	词语	拼音	词性	册数	课数	英文释义
《博雅汉语》	认识	rènshi	V	第一册	2	to meet; to know someone
《中文听说读写》	认识	rènshi	V	第一册	3	to be acquainted with; to recognize

表 3 中，《博雅汉语》在解释"认识"时，用"to meet"进行注释；但是笔者查阅了外语教学与研究出版社出版的《汉英词典》中"认识"的相关释义，是用"know; understand; recognize""understanding; knowledge"进行注释，并没有用到"to meet"。同时对商务印书馆出版的《柯林斯高阶英汉双解词典》、上海译文出版社出版的《新英汉词典》中的"meet"进行查阅，发现"meet"对应较常用的汉语义项是"遇见"，"认识"的义项并未排在第一位。因此，我们说《博雅汉语》在英文注释上的准确性稍弱于《中文听说读写》。

2.3　生词索引表的对比分析

生词索引表是全书生词的集合，它对于学习者快速查阅和复习生词有很大的帮助，一份编排合理的生词索引表可以减轻学习者压力，提高学习效率。

《博雅汉语》的编排形式是"生词—拼音—课序"，课文中的专有名词单用一份"专有名词表"列出，编排形式较为简单，只能起到简单的检索作用。《中文听说读写》的生词索引表相比之下就比较完善。《中文听说读写》有三份生词索引表，一个是"中—英"生词索引表，按照"汉字—拼音—词性—英文注释—课序"的形式进行编排；一个是"英—中"生词索引表，按"英语释义—汉字—拼音—词性—课序"的顺序排列；还有一份按照词类编排的索引表，专有名词与普通词语编排在同一张表中，用不同的颜色凸显。

我们认为《中文听说读写》对生词索引表的处理更为得当。首先，它按照学生的不同检索习惯分别列出了中英、英中、词类三种不同的索引表，可以供学习者按需快速检索；其次，它的中英和英中索引表编排内容比《博雅汉语》更为详实，可以满足学习者对生词拼音、汉字、释义、词性以及课文出处的查阅要求；最后，《中文听说读写》编排了单独的词类索引表——将每一课的生词按照词类进行编排，这样有利于加强学习者对词类的认识。

2.4　生词与练习类型匹配情况的对比分析

练习是语言教学中的重要一环，因此，教材练习的设计也是对外汉语教材编写要考虑的重要因素之一。对于非目的语环境的学习者来说更是如此。因为他们缺乏较好的目的语环境，语言练习或交际局限于课堂教学。因此，对外汉语教材的生词练习问题也值得关注。关于教材练习类型的分类，杨寄洲（2003）将汉语教材的练习类型分为以下四种：（1）理解型练习；（2）模仿记忆型练习；（3）智力开发型练习；（4）交际型练习。一般来说，汉语综合课教材的练习题以语法结构为主、语音练习和汉字练习为辅，专门针对生词项目的练习题不多。因此，我们根据生词练习的特殊性将练习分为生词单项练习和生词语句练习，并依据此标准对两套教材的生词练习进行统计分析。生词单项练习是指单独对生词的音、形、义进行训练，例如根据图片或拼音选择正确的生词、选择正确的释义等；生词语句练习是指对生词在句子或对话中的运用进行训练，包括语法练习中的生词，例如完成句子、替换练习及模仿练习等。

根据上述标准我们对《中文听说读写》第二册和《博雅汉语》第二册的练习项目进行统计分析。

表4 两套教材生词练习类型统计

对比项目 教材	生词单项练习（道）	生词语句练习（道）
《中文听说读写》	0	42
《博雅汉语》	0	72

由统计数据可以看出两套教材基本没有生词单项练习，练习主要集中在生词语句部分，且在生词语句练习部分，《博雅汉语》的练习量大于《中文听说读写》。对于生词单项练习量基本为零的情况，我们认为这与教材编写原则和配套练习册的有无相关。《博雅汉语》以结构为纲，结构、功能寓于情景之中，且配有《练习册》。《中文听说读写》以交际功能为纲，同时配有网络练习册供学生进行语言练习。因此，两套教材在编写学生用书时，更加重视语言点和交际功能的练习，生词理解性练习不多。《博雅汉语》练习量大于《中文听说读写》的原因则和教材容量有关，《中文听说读写》作为美国高校使用较多的教材，其教材容量和生词量适中，与汉语课在美国高校中作为选修课的地位相符。《博雅汉语》一般作为国内高校汉语言专业学生的教材使用，教材容量大，单元设置多，

生词量也多于《中文听说读写》。因此，《博雅汉语》的生词练习数量多于《中文听说读写》。

2.5 生词重现率的对比分析

不少研究指出学习者词汇习得的成功与否和该词汇的重现次数密切相关，例如 Saragi 等人（1978）指出，生词在文章中出现 6 次以下，会有半数以上的学习者习得该生词；若出现 6 次及 6 次以上则会有 93% 的学习者习得该生词。教材是词汇重现的重要途径之一，因此，我们对两套初级教材的生词重现率进行研究。根据研究需要，我们将生词重现率分为两个维度进行探究：一是平均词频，其统计方法为所有生词累积出现次数除以总生词数，总体来看，平均词频越高越好；二是生词重现的等级分布，对出现次数相同的生词占总生词的百分比进行统计。具体操作程序如下：我们分别对《博雅汉语》第二册和《中文听说读写》第二册进行统计，利用词频统计软件（Corpus Word Frequency App 字词频率统计工具）对生词词频进行统计，再根据以上两个维度对统计结果进行分析，最后得出相关结论。

2.5.1 两套教材平均词频的对比分析

表 5 两套教材生词平均词频统计

教材	总生词数（个）	生词累积出现次数（次）	平均词频（次）
《博雅汉语》	778	4146	5.33
《中文听说读写》	375	1952	5.21

根据统计结果，《博雅汉语》的平均词频大于《中文听说读写》，即《博雅汉语》的生词重现率高于《博雅汉语》。但是，Saragi 等人（1978）指出生词重现达到 6 次及 6 次以上时，会有 93% 的学习者习得该词汇。根据此标准，两套教材的平均词频均小于 6 次，未能够为学习者提供合理的生词复现率。因此我们认为两套教材在生词重现的编排方面还有待改进。另外，根据平均词频来看，《博雅汉语》生词重现情况好于《中文听说读写》，但是平均词频的统计可能会受绝对高频词的影响。因此，我们进一步对生词重现的分布等级进行探究。

2.5.2 两套教材生词重现等级分布的对比分析

表 6　两套教材生词重现等级分布

教材	第一级：重现 6 次及 6 次以上	第二级：重现 3 ~ 5 次	第三级：重现 1 ~ 2 次
《博雅汉语》	23.47%	26.16%	50.37%
《中文听说读写》	30.13%	34.13%	35.74%

以 Saragi 等人提出的 6 次及 6 次以上为标准，我们将两套教材生词等级分布情况划分为三级，第一级要求生词重现次数达 6 次及 6 次以上，第二级要求生词重现次数为 3 ~ 5 次，第三级要求生词重现次数为 1 ~ 2 次。经统计分析发现，两套教材第一级生词数量占总生词的百分比均小于另外两个等级所占比例。因此，我们对平均词频分析得出的结论（两套教材均未能给学习者提供充足、合理的生词复现；在生词重现编排方面，二者仍有不足）进一步得到肯定。

此外，数据显示，《博雅汉语》重现 6 次及 6 次以上的生词仅占总生词数的 23.47%，相比而言所占比例最小，且重现 1 ~ 2 次的生词所占比例高达 50.37%，已过半数。《中文听说读写》重现 6 次及 6 次以上的生词占比为 30.13%，另外两个等级占比分别为 34.13% 和 35.74%，三个等级生词所占比例较为平均且重现 6 次及 6 次以上的生词所占比例大于《博雅汉语》。因此，单纯通过平均词频得出的结论（《博雅汉语》因平均词频较大有较为合理的生词重现编排）不能成立。恰恰相反，因《中文听说读写》第一级生词占比高于《博雅汉语》且三个等级占比较为平均，我们认为《中文听说读写》现有的生词重现编排与《博雅汉语》相比较为合理，但因第一级生词占比仍为三个等级中的最小部分，两套教材均应该重视生词重现的编排问题。

三　使用建议与编写启示

3.1　两套教材的使用建议

教材是教师教学和学生学习的重要依据，但教材是死的，其使用主体——教师和学生则具有极强的主动性。因此，教师如何利用教材开展教学，学生如何使用课本学习，尤为重要。我们根据上文中的研究结论对不同主体如何使用两套教材提高生词学习效率提出相关建议。

3.1.1 《博雅汉语》的使用建议

根据上述统计分析结果，《博雅汉语》在生词量控制和生词等级分布上较为合理；其词性注释和英文注释仍需细化，生词索引表较为单一，检索功能需要完善，且生词单项练习较少，生词重现率有待提高。

在生词量控制合理的基础上，教师应该熟悉教材生词的具体情况，根据学生可能出现的偏误及生词的接受性和输出性特点选取生词，详略得当地对教材生词进行讲解，在确保基本生词的教学后对难词、易错词和输出性词汇进行重点讲解。学生则拥有充裕的生词学习时间，可以合理安排学习时间，对课文中出现较多的词汇进行预习，在教师讲解以后，对重点词进行复习，提升学习效率。在生词等级分布合理的基础上，教师应该了解教材生词的等级分布，确定生词难度，合理安排生词教学顺序，先教简单词再教难词，利用简单词学习难词，遵循"i+1"的可理解性输入原则。学生应该在充分理解简单词的基础上学习难词，遵循循序渐进的规律。

在词性注释方面，教师在讲解时应该把课文语境中的词性作为讲解内容，而不是对生词表中的词性注释做穷尽式讲解。学生学习时也应该关注课文语境中该生词的词性，避免产生词性过多导致的错用现象。在英文注释方面，教师应该重视汉语与英语的差异，及时纠正生词英文注释存在问题的地方，确保学生能够正确、得体地使用词语进行交际。学生则要培养汉语语言思维，不能过度依赖英文注释。

生词的可理解输入是交际输出的基础，学习者只有对生词的音形义理解之后，才能将该词正确地用于日常交际之中。《博雅汉语》的生词单项练习较少，教师在进行生词教学时，应对生词单项练习进行适当补充，加强生词的理解性练习，以填补教材相关练习的不足，同时注重生词的交际性练习。学生完成教材课后练习后，在正确完成练习的基础上应该增加使用本课生词的次数，以实现生词的反复练习，达到熟能生巧的境界。

在生词重现不足的情况下，教师首先应该熟悉教材已有的生词重现设计，充分利用教材已有的生词重现帮助学生最大化地学习生词。其次，教师在讲解新词时，要注意新词与旧词之间的联系，利用旧词设计例句、讲解内容，在帮助学生学习新词的同时提高生词重现率。另外，可以根据各个单元间的联系，寻找共同主题，专门设计教学活动，布置学习任务，促使学习者主动复现生词。学习者应该注意教材的系统性，在学习新词汇和新语法时，利用已学过的词汇辅助学习；同时，还应该养成阶段性复习的良好习惯，主动复现生词。

3.1.2 《中文听说读写》的使用建议

《中文听说读写》的生词编写与《博雅汉语》在生词总量控制、生词等级分布、生词注释和生词单项练习等方面具有一定相似性，且生词重现的编排和生词索引表的编排优于《博雅汉语》。因此，我们不再对以上项目提出重复性建议，只对《中文听说读写》单课生词处理提出使用建议。

《中文听说读写》单课生词量的控制有些随意，这一情况给教师教学和学生学习带来了不便。首先，教师应该对每课生词进行分析，对生词词频、实用性、使用范围等因素进行综合考量；选择实用性强、使用度高的生词作为重点教学生词，对实用性差、使用度低的生词进行简单处理，合理分配生词教学时间，避免增加学生负担。其次，教师应将前后课的生词相联系，根据重现位置对生词的单元设置进行合理的二次编排，以缓解单课生词量过多造成的压力。另外，教师还可要求学生以小组为单位利用课余时间对课上处理不够的生词进行自学，在发挥学生自主性的同时提高学生生词学习的效率。学生主要利用课前时间做好预习，同时根据教师讲解重点来规划生词学习的先后顺序和学习时间。

3.2 对初级汉语教材生词部分的编写启示

3.2.1 科学控制教材生词的数量和等级

《博雅汉语》和《中文听说读写》属于比较有代表性的优秀汉语教材。通过对两套教材的生词量和生词等级分布的对比我们可以看出，《博雅汉语》在这两方面都做得比较合理。这从一个侧面证明，对教材生词数量和等级的控制、保证教材的科学性，是提升教材编写质量的一个前提。

好的教材会根据学习者的实际情况，严格控制教材的生词总量及生词的等级分布。在汉语语言环境和课程设置完善、课时较多的情况下，可以适当地增加生词量，以满足目的语语言环境下学习者对词汇使用的交际需求。如《博雅汉语》生词总量较大、每课单词量适中的编排就符合国内对外汉语教学的实际情况。在编写国别化教材时，一定要根据当地学习者的具体情况进行编写，生词量不可过多，以免增加学习者的负担，影响学习效果，降低学习兴趣；同时注意生词选取的本土化，提高生词教学的实用性，满足本土学习者的语言使用需求。《中文听说读写》对生词总量进行了科学的控制，但在单课生词量的处理上存在问题，如单课生词量安排不合理、课与课之间生词的增幅无规律等。在生词等级分布的控制上，要遵循由浅入深、循序渐进的规律，可以参考权威性的等级大纲进行编写，并注意不同等级生词出现的课序，也要按照循序渐进的规律编排，并且有规律地提高生词重现率，以巩固学习者对生词的记忆。

3.2.2 科学进行生词注释

生词注释主要分为词性标注和英文释义两部分，二者都要注意科学性，做到具体情况具体分析，按照课文语境中的意义进行注释，才可以使学生真正掌握该词的意义和用法。

就我们研究的两套教材而言，在词性注释上，两套教材仍需改进，要注意从课文出发，词性标注具有针对性，根据课文中生词的具体用法进行词性标注，不能采用词典式的词性列举；要根据课文安排，在学习者掌握一种词性之后，再给出另一种词性，遵循由易到难、循序渐进的原则，避免学习者混乱。在英文注释中，要提高准确性，意识到中西文化之间的差异性，还可以采用直观且灵活多样的形式进行注释。比如，可以采用图片释义法进行注释，将生词直接和所指事物图片相关联，使释义变得更加直观；还可以采用漫画释义法，将图画和简短目的语（一般是旧词）相结合，图画为生词释义提供部分信息，再融合旧词解释新词的方法进一步完善释义；同时还可以采用实例释义法（目的语例句），通过列举例句的方法使学习者在理解意义的同时掌握生词的用法，提高学习效率。漫画释义法和实例释义法不仅能够较好地解释生词的意义，还能告知学习者生词的用法及使用场合，同时能将旧词与新词联系起来，提高词汇重现率，以加深学习者对生词的记忆，巩固学习效果。

3.2.3 编写详实系统的生词索引表

生词索引表是学习者检索生词的重要工具，一份详实系统的生词索引表可以给学习者带来诸多便利：一是可以方便学习者快速查阅生词，提高学习者的学习效率；二是可以帮助学习者全面地复习生词，了解生词信息。例如，《中文听说读写》的编排值得编写者们学习，《中文听说读写》分别编排了中英、英中词汇索引表和词性分类索引表，这样一来，学习者在使用生词索引表时，便可以根据自身需求进行检索。因此，我们认为编写者在编排词汇索引表时，要以学习者为中心，注意学习者的实际需要和使用习惯，编写具有针对性的生词索引表。如国别化的汉语教材可以引入本国的母语进行注释，并且可以仿照《中文听说读写》的编排形式编排三个索引表，将各项内容进行详实的罗列，尽可能地给学习者带来便利。

3.2.4　增加生词理解性练习

生词理解性练习旨在通过各种练习项目帮助学习者对生词进行理性的认知，该阶段的练习设计是对外汉语教材不可或缺的环节，符合"可理解输入"的重要原则。理解性练习既包括单项练习，也包括句子练习。因此，在编写初级汉语教材时，编写者应该适当加入生词的单项练习，可以选取该课重点生词或难点生词作为考察对象，利用选词填空、看图选词、词义选择多种练习形式对生词的音形义进行考察，以确保学习者对生词获得理解性认识，为学习者使用生词进行语言交际打下基础。另外，在此基础上可以继续丰富生词语句练习。就选取的两套教材来说，生词语句练习一般为翻译、连词成句、根据释义填写生词等形式，且考察重点一般都为语法知识，对生词考察较少。编者可以将语法知识和生词知识的考察相结合，利用生词进行语法知识的练习，这样既可以对语法知识进行训练，也可以促使学习者增加生词的使用次数。最后，生词语句练习还应与该课的交际活动密切相关，编写者可以围绕交际活动选取重要生词进行生词交际练习的设计，如提供交际情景和参考生词，让学习者进行贴近交际活动的训练。

3.2.5　完善生词重现编排

生词重现的科学编排通过提高生词输入量促使学习者提升记忆强度以习得新词。因此在编写初级汉语教材时，编写者应在不影响教材系统性、不增加学习者负担的情况下，合理重现生词。首先，可以利用语法知识的例句、生词注释、练习设置等项目科学提高重现率，而不是为了提高重现率顾此失彼，过分编排课文文本，使其失去语言的真实性和交际性。其次，应该选择实用性强、使用度高的词汇作为高重现率词汇，有重点地进行重现，而不是广泛重现。另外，还要注意重现的及时性问题，根据使用对象课程设置的具体情况，对重现间隔进行合理规划。最后，还应该设置合理的重现次数，使用度高、实用性强的词汇可以适当提升重现次数。根据我们的统计结果和前人研究，以《中文听说读写》为例，可以适当提升一级词汇所占比例，保持二级词汇所占比例，合理缩小三级词汇所占比例，将教材生词重现的合理区间设置为 3～6 次。

四 结语

随着汉语国际传播的发展，对外汉语正处于一个"走出去"和"引进来"双向互动的时期，要想更好地"走出去"，其中重要的支撑就是拥有良好的国别化汉语教材。因此，我们对所选教材的生词量、生词等级分布、生词注释、生词索引表、生词重现率以及生词的练习设置进行对比分析，得出两套教材的异同。作为分别在中美高校广泛使用的教材，由于其编写受不同语言环境、使用对象、编写理念的影响，我们不能简单地认为哪一部教材更加优秀。我们应该学习两套教材的优点，将其用于日后汉语教材生词的编写之中，同时避开两套教材所存在的不足，促进汉语教材编写的进一步发展。

参考文献

方清明，2007，《对外汉语教材词性标注问题研究》，《暨南大学华文学院学报》第 2 期。

洪琳，2012，《美国师生对〈中文听说读写〉评价情况的调查与分析》，《国际汉语学报》第 1 期。

李泉，2002，《近 20 年对外汉语教材编写和研究的基本情况述评》，《语言文字运用》第 3 期。

李晓琪，2013，《博雅汉语》（第二版），北京大学出版社。

李知莲，2013，《中韩初级汉语短期教材对比研究》，上海师范大学硕士学位论文。

刘珣，2000，《对外汉语教育学引论》，北京语言大学出版社。

刘珣，1994，《新一代对外汉语教材的展望——再谈汉语教材的编写原则》，《世界汉语教学》第 1 期。

刘月华、姚道中，2009，《中文听说读写》（第三版），Cheng & Tsui Company。

刘珍，2013，《中美初级综合教材编写比较研究——以〈中文听说读写〉、〈博雅汉语〉为例》，四川师范大学硕士学位论文。

瞿晓华，2013，《中美初级汉语综合教材对比研究》，云南师范大学硕士学位论文。

盛译元，2016，《美国高校汉语教学发展历程研究》，《海外华文教育》第 5 期。

佟秉正，1991，《初级汉语教材的编写问题》，《世界汉语教学》第 1 期。

王晓钧，2004，《美国中文教学的理论与实践》，《世界汉语教学》第 1 期。

杨寄洲，2003，《编写初级汉语教材的几个问题》，《语言教学与研究》第 4 期。

赵金铭，1998，《论对外汉语教材评估》，《语言教学与研究》第 3 期。

张宁宁，2011，《〈新实用汉语课本〉与〈博雅汉语〉（初级）比较研究》，华
  中师范大学硕士学位论文。

T. Saragi，I. S. P. Nation，G. F. Meister. 1978. Vocabulary learning and reading. Sys-
  tem，6（2）：72 – 78.

A Comparative Study of New Words in Chinese and American Elementary Chinese Textbooks：A Case Study of *Boya Chinese* and *Integrated Chinese*

Abstract：The article discusses the vocabulary in elementary Chinese textbooks for foreigners and puts forward suggestions for the design of vocabulary in Chinese textbooks. It is found that *Boya Chinese* is more reasonable in the respect of vocabulary volume and control of vocabulary volume addition while *Integrated Chinese* is better in the respect of arrangement of the vocabulary list and vocabulary index list. Vocabulary distribution in the two textbooks is both gradable from the easier to the more difficult but with a relatively single method of paraphrasing. Consequently，it is suggested that the textbook is supposed to scientifically control the vocabulary volume and grade for elementary Chinese learners，a reasonable arrangement is needed，a systematic and detailed vocabulary index list should be arranged，and vocabulary paraphrasing should be emphasized with the feature of pertinence，flexibility and interculture.

Keywords：Elementary Chinese Textbooks for Foreigners；New Words；*Integrated Chinese*；*Boya Chinese*

作者简介

吴辰禧　华侨大学华文学院在读研究生，研究领域为汉语国际教育。[418922179@ qq. com]

郝瑜鑫　华侨大学华文教育研究院讲师，博士，研究领域为华文教育、第二语言习得。[hyx_tcfl@ 163. com]

盛译元　华侨大学华文学院讲师，博士，研究领域为汉语国际传播、华文教学、汉语教材等。[shengyiyuan@ hqu. edu. cn]

本科留学生中国文化课教学模式及
微观层面教学设想[*]

中山大学外国语学院国际汉语系　　颜湘茹

摘　要　中国文化课的重要性已成为共识，但在对外汉语教学界，对文化教学的许多问题尚未展开充分研究，尤其是对本科留学生中国文化课的教学模式关注不多。本文希望通过简单梳理国内教学模式研究现状，整合出较为清晰的本科留学生中国文化课教学模式概念，辨析其中容易混淆的问题，并在微观层面上，提出本科留学生中国文化课教学模式三点设想，以便新手教师尽快了解本科留学生中国文化课教学，进而提升教学效果。

关键词　中国文化　教学模式　微观层面

一　引言

中国文化课的重要性已开始成为共识，目前国内高校的留学生汉语言本科大都开设了各种形式的中国文化课。但在对外汉语教学界，对文化教学的许多问题尚未展开充分研究，这其中就包括本科留学生中国文化课教学模式。

对外汉语教学模式研究已有一定成果，但还存在一些问题。马箭飞（2004）指出："无论是教学理论认识水平、教学设计落后问题，还是教学质量、教学效果不能让人满意的问题，或教材编写水平、教学实验等的欠缺问题，我们都可以从教学系统论研究的角度归结为教学模式的研究水平

---

* 基金项目：2016 年度广东省本科高校高等教育教学改革一般类教改项目"本科留学生《中华文化与传播》课'传受视角'研究"。感谢《世界华文教学》匿名审稿专家提出的修改意见。

问题。"吕必松指出了教学模式研究缺乏的原因，一方面是"因为对教学模式本身以及教学模式对理论研究和教学实践的影响力和作用力认识不足，研究视角受到限制"，另一方面则是"教学模式研究和实验涉及多方面的因素和条件的原因，也使不少学者畏而却步"。也有学者认为目前教学理论和教学实践缺乏对接，一方面缺少鲜活的、真正从教学实践中提炼出的教学模式，缺乏具体的案例分析和操作指导；另一方面，很多教学理论的提出也仅仅停留在理论模式上。至于具体的本科留学生中国文化课教学模式研究，则更少得到关注。

上述状况给本科留学生中国文化教学带来不小的困扰，不仅增大了教师备课量，也影响了课程的科学性。新手教师更会在教学中因为中国文化课教学模式研究的不足感到困惑。

本文希望通过梳理国内教学模式研究现状，整合出较为清晰的本科留学生中国文化课教学模式概念，并在微观层面上，融合前人灼见，结合教学实践，提出较理想并具实操性的本科留学生中国文化课教学模式设想。要说明的是，本文的中国文化课指为本科留学生开设的、独立于语言课之外的中国文化课程，而关于本科留学生中国文化课教学模式的讨论归属于对外汉语教学模式研究。

二　教学模式研究述览

（一）对教学模式概念的讨论

关于教学模式概念的提法有很多，主要包括以下几种。（1）行为范型说，即将教学模式看作教学活动的范型。（2）结构程序说，如中国《教育大词典》给出的定义是"反映特定教学理论逻辑轮廓的、为保持某种教学任务的相对稳定而具体的教学活动结构"。（3）系统要素说，即认为教学模式是一个系统的整体，不仅是一种结构或流程，完整的教学模式至少包括理论基础、教学目标、教学程序、辅助条件、评价标准五要素。（4）层次中介说，认为教学模式是向上沟通着教学理论，向下沟通着教学方法和教学策略的重要中介。一个完整、科学、有效的教学模式，由理论基础、教学程序和操作方法三个层次构成。

在第二语言教学理论模式研究领域，很多研究者都曾提出过相应模式，其中 H. H. Stern（1986）的研究较为全面，框架模式如图1所示。

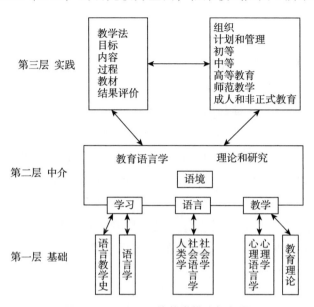

图1　H. H. Stern 的教学模式框架图

综上所述，教学模式指的是在特定教学基础理论的指导下形成的相对稳定的教学活动和流程。

（二）对外汉语学界对教学模式的定义

对外汉语学界关于教学模式的定义有一些提法。李雁冰（1994）认为，教学模式是在一定理论思想的指导下，为实现特定教学目标而设计的比较稳定的教学程序及其实施方法的策略体系。崔永华（1999）认为教学模式指课程的设置方式和教学的基本方法。马箭飞（2004）认为教学模式指具有典型意义的、标准化的教学或学习范式，包括指导理论、教学目标、教学程序以及实施办法。

这其中马箭飞（2004）关于教学模式的定义被不少研究者参考，即认为完整的教学模式应包含五个基本要素：①理论基础，指教学模式建立的教学理论或教学思想；②教学目标，指教学模式所能达到的教学效果；③操作程序，指教学活动在时间上展开的逻辑步骤以及每个步骤的主要做法等；④实现条件、手段和策略，指促使教学模式发挥效力的各种条件如教师、学生、教学内容、手段、时间、空间等的最优化方案；⑤评价，指评价的方法、标准等。

（三）对外汉语理想教学模式的思考

大约在20世纪90年代前后，第二语言教学研究者基本上形成了一个共识，就是不存在适用于所有学习者的最佳方法，因为语言教学的重要特征之一是多样性。但是较理想的教学模式还是人们的关注点。在综合各种模式的基础上，张皎雯（2010）提出对外汉语教学模式三级层次框架，即教学模式是在一定的教学和学习理论指导下，以实现教学各基本要素（教学目标、教学大纲、教学内容、教材、师生角色、教学活动和环境等）间组合方案最优化的系统。它有三级层次框架：宏观理论原则层（包括语言观和语言学习观）、中观教学设计层（包括教学目标、教材、语言和文化的关系、语言和文字的关系、知识和技能的关系、课型以及师生角色）和微观教学程序层（包括教学环境、教学策略、教学活动和教学技术手段）。

具体框架如图2所示。

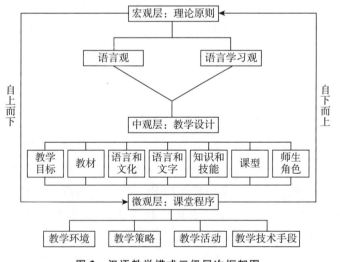

图2　汉语教学模式三级层次框架图

总体来看，这种三级层次的框架是目前比较合理的表述，也切实考虑到了教学实践。

（四）对中国文化课教学模式的讨论

1. 多义的中国文化课教学模式概念

有关对外汉语教学模式的研究不多，有关中国文化课教学模式的研究也较少。探讨汉语教学模式的论文，大部分并未单独讨论中国文化课教学模式。研究中国文化课教学模式的，则模糊地称之为教学策略、教学方法、教学手段、教学方式、教学活动、教授模式、授课模式等，使中国文化课教学模式呈现多义局面，这增加了梳理难度。

1.1　同时使用不同概念

杨丰荣（2015）发现目前大部分文化类课程都是系统地介绍某项中国文化知识，教学方式一般是由任课教师在课堂上进行口头授课，完成文化知识的讲解，也会配合声、像等教学手段，课程内容往往集中在书本知识讲解上。这种"满堂灌"的教授模式虽然能够向外国学生灌输大量的文化知识，但单一的口头授课使得教师和学生之间的互动不足，学生与学生之间的讨论机会也较少。文中使用了"教学方式""教学手段""教授模式"，但未界定教学模式的概念及其与这三者的关系。

1.2　未辨析授课模式、教学法与教学模式的关系

周琦（2013）发现早期实践的传统型教学模式，在中国文化课的授课上做了一些调整，如将课程内容划分为不同专题、教师根据各自专题以讲座的形式授课等，但是在教学模式上仍然沿袭国内高校传统的思政课程所采用的大班授课模式。该文未对教学模式做定义，但使用了"授课模式"。

郭凌云（2010）写到，文化课教学属于内容型教学，应根据文化课教学特点和学生需求，建构一套基于内容的文化课教学模式。根据学生的语言水平和文化认知目标，灵活应用支架式教学法进行教学实践，促进留学生文化认知水平的提高。该文未辨析教学模式与"支架式教学法"的关系。

1.3　未辨析教学策略与教学模式的关系

张莹（2004）认为对外汉语教师对文化的不同理解使其在教学中采用不同方法来处理文化，形成不同的教学策略，这些策略可以归入当前三种较有代表性的教学模式之中。张文并没有辨析教学模式与教学策略的关系。

1.4　未辨析教学模式与教学方法的关系

郭凌云（2010）在研究中发现文化教学也采用了"结构、功能、文化

相结合"的教学方法，理念虽好，但始终没有落实到教学实践上来。有些教师采用任务式教学理念改良文化课教学，"以任务为教学单位的基于内容的教学"方法认识到了"任务型教学"与"教学任务"的差别。文中没有对教学模式与教学方法加以区分。

1.5 未辨析讲座或课程内容与教学模式的关系

闫志威（2012）认为，高级阶段的专门文化课教学基本上把留学生等同于中国学生来进行教授，这样，学生就可以慢慢适应各种文化类讲座甚至学术报告，其研究能力也可以得到提高。张莹（2004）也在文中提到如果要让学生对某一部分中国文化有较为系统完整的认识，较常使用的一种方式就是开设专题讲座。

黄霜霜（2016）发现在国际上，关于中国文化课教学模式的探索也从未停止，以美国堪萨斯中南部教育服务中心为例，他们给学生提供的中国文化课教学模式丰富多彩，形式多种多样，主要以经典文化课、节日文化课和专题文化课为主。

从上述列举可以看出，关于中国文化课教学模式的研究中提到的概念包括教学策略、教学方法、教学手段、教学方式、教学活动、教授模式、授课模式、讲座等，不同研究者在文中使用了与中国文化课教学模式相关的各种概念，不过未加辨析，所以本文认为厘清中国文化课教学模式概念非常必要。

2. 学界概括的常见中国文化课教学模式

虽然中国文化课教学模式的概念存在一定模糊，但研究者认为，因为教师对文化的不同理解，已经形成了不同的教学模式。有的将文化看成一种知识，有的将文化看成一种交际行为，有的持多样化文化定义，认为文化复杂多样，不能仅靠"知识"或"行为"概念涵盖，所以不同教师在教学中采用了不同方法来处理文化，形成了不同的教学策略，并进而形成了当前三种较有代表性的教学模式。

2.1 知识文化传授模式、灌输式或讲授式

传统的文化教学模式，被命名为"灌输式"、"讲授式"、"传统型教学模式"或"大班授课模式"。这种依靠教师权威进行授课的教学模式虽然有助于教师按照相应教学大纲有目的、有计划地完成教学任务，但因为课堂时间有限、学生人数过多而不利于课堂上师生互动。

2.2 交际文化训练模式

被认为较好地克服了语言和文化分离这一局限的是交际文化训练模式。这种模式从语言交际的角度出发，通过模拟汉语文化环境下的交际行为，使文化和语言这两项本就息息相关的内容有机融合。交际文化训练模式为学习者提供了亲身经历交际行为从而获取文化知识的机会，并要求学习者学会应用这些知识，变知识为行动。

2.3 多元文化互动模式

多元文化互动模式的前提是文化差异的显现，研究者认为，留学生在目的语环境中，必然带着各自的文化困惑，教师可以在课堂上有意识地引导学生发现文化差异。不过这种模式比较考验教师的文化素养和控场能力。

3. 学界对理想的中国文化课教学模式的设想

虽然中国文化课教学模式概念尚为模糊，但学界对于理想教学模式的研究也在进行。

3.1 重点聚焦在课堂组织的各种建议

3.1.1 注重类比法

一种观点认为，留学生大多来自不同的国家和地区，由于其地域、国情和文化背景不同，留学生难免对于中国国情的内容不太理解。而通过类比法，把他们国家类似的情况和事例，尤其是一些反差较大的情况拿来跟中国的进行比较，更能使学生在这种强烈对比中很快掌握中国文化。

3.1.2 注重互动性模式

在正确对待文化差异的问题上，多元文化互动模式承认多元文化的存在，确立了学习者本民族文化在语言教学课堂中的合理地位，还可以克服两种模式教授单一的知识文化和交际文化的局限，既重视知识文化的传授，又强调交际行为的重要性。

增强互动性的模式还包括"互动性教学模式"，也就是跟大班授课相反的"小班化教学模式"，这一模式可以增强师生之间的互动。

也有建议尝试"需求导向性教学模式"，即大班授课和小班讨论相结合的教学模式，这一模式既能按要求完成教学任务，又能激发学生的主动性思维。或者是"专题互动型模式"，将专题教学模式和小班化的互动型教学模式结合。这种模式要求文化课堂上一个班的人数控制在 10 人左右，一堂课的教学内容按照一个个文化专题进行选择。

从上述建议可以看出，讨论的重点都落在具体的课堂组织方面。

3.2 其他角度的中国文化课教学模式设想

3.2.1 以内容为主的支架式教学设想

郭凌云（2010）认为文化课教学与"包含文化因素的语言教学"有本质区别，文化课教学属于内容型教学，即"语言与内容融合的教学"，学生通过文化课学习可以同时提高文化认知能力和语言能力。根据这一特点，中国文化课应该采用支架式教学为主、其他灵活多样的教学手段为辅的教学方法。支架式教学是建构主义教学方法的一个重要分支，主张通过搭建概念框架、学生独立探索、情境创设、协作学习、展示与评估等环节进行学习。

3.2.2 建议教学模式的探讨必须增强四个意识

与大部分研究者直接关注课堂教学不同，刘颂浩（2014）关注到教学模式的探讨需要增强管理，并认为中国高校要想创建优秀的对外汉语教学模式，必须具备并加强以下四方面意识：管理意识、环境意识、教师培养意识和技术意识。他认为任何一个教学模式，都必须考虑其所在环境的具体特点。在中国学习汉语，是二语环境，学生随时可以在生活中和中国人用汉语交流，接触中国文化，这是巨大优势。可以精心设计，把汉语环境变成教学项目的一个有机组成部分。还可以加强留学生日常学习的小环境。刘颂浩提出的四种意识，勾勒了教学模式需要的管理机制，对理想的中国文化课教学模式讨论有启发意义。

3.2.3 经借鉴形成的中国文化教学模式三级框架

张皎雯（2010）借鉴了诸多教学模式，构建了一个教学模式三级层次框架，在此框架中，宏观理论原则层包括语言观和语言学习观的发展新趋向，中观教学设计层包括设计新思路，微观课堂程序层包括新做法的总结、归纳和预测。张文以建构主义学习论为基础，认为"文化教学"实质上是"语言教学"在深层次上的体现，包括了目的语背后的民族特殊思维方式、价值体系、概念和意义体系等特定文化知识。微观课堂程序层面是教学模式最直接的试验田，所有的理念和设计都将在这个层面实施。

该模式对于教学模式有较详尽的归纳，但因为微观层面被认为是教师发挥自身潜能之处，所以对于中国文化课教学模式探讨来说，这个三层框架模式在微观层面给其他研究者留下了足够的探索空间。

三　微观层面教学模式设想

综上所述，对外汉语教学界对本科留学生中国文化课教学模式的研究已经有了一定基础，研究者根据各自的理解在实际研究中运用了很多相近概念，这不利于本科留学生中国文化课教学模式研究的继续发展。

本文认为教学模式是在一定的教学和学习理论指导下，以实现教学各基本要素（教学目标、教学大纲、教学内容、教材、师生角色、教学活动和环境等）之间组合方案最优化的系统。宏观理论原则层包括语言观和语言学习观，中观教学设计层包括教学目标、教材、语言和文化的关系、语言和文字的关系、知识和技能的关系、课型以及师生角色，微观教学程序层重点指的是实践层面，包括教学环境、教学策略、教学活动和教学技术手段。即宏观、中观、微观三个层面，宏观层是理论原则，中观层是教学设计，微观层重点在实践。

本科留学生中国文化教学模式牵涉面广，需要梳理的内容繁多，但微观课堂程序层面是教学模式最直接的试验田，所有的理念和设计都将在这个层面实施，所以本文将综合前文所述各种理想中国文化教学模式的思路，结合教学实践，重点讨论微观层面，即关注实践层面的课堂程序，就是本科留学生中国文化课的教学组织。至于宏观和中观层面，则留待将来研究。

微观层重点考虑课堂程序，包括教学环境、教学策略、教学活动、教学技术手段等方面。本文将侧重讨论本科留学生中国文化教学模式微观层面的教学策略和活动组织，在这一部分内容里，前人研究对于教学技术手段已经讨论得比较多，比如运用多媒体、声像手段等，本文将着重讨论另外三方面的设想。

（一）教学环境：充分利于母语环境

1. 让本科留学生走出去＋支架式教学活动

目前，本科留学生中国文化课程教学以课堂讲授居多。以前的一些文化实践活动也以旅游、参观为主，真正意义上的文化课程学习还不够深入。在文化课程教学方面还可以尝试做到理论联系实际，学校小课堂与社会大课堂相结合，以及"走出去"和"请进来"。"走出去"要根据课程内容的需要，组织学生参观、访问、采访，通过到社会访问调查，开阔学生视野，了解中国社会文化，但要做到不流于形式，就要在课程开展前期引导学生做好相关的资料收集工作，在文化实践进行的过程中，教师要发挥积极的引导作用和支架作用，提示学生查找资料的角度，解决学生在理解资料过程中所遇到的语言困难及背景知识欠缺问题，引导学生理解中国文化的历史和变化。

在这一方面，支架式教学活动是一个不错的设想。在大方面，要搭建概念框架，为学生对文化知识的独立探索提供各类支架。所谓概念框架是指由相关概念和知识点之间的有机联系构成的知识体系，鼓励学生的个人探索。教师可提供相关资料或者资料检索渠道，促使学生尝试扩大、深化对专题文化的理解。设计学习情境，通过设计系列问题或系列任务等创设情境。通过个人的独立探索或小组协作获得对相关问题或任务的初步完成，提高学生分析和解决问题的能力。最后在课堂上对学习结果进行展示、评估与反思。

总之，走出去的重点应该是：项目开始前教师做好引导，先搭建文化概念支架，学生带着具体问题出去，收集材料之后回到课堂再讨论或者是集体分析问题，理解文化。

例如，关于中国烹饪，可以提供支架一——具体内容，即查找资料，中国菜的地方特色菜式、中国各地小吃（主食）、中国菜的烹饪方法、中国菜食材的特点；支架二——衍生内容，即讨论中国人养生的观念、中国餐桌的礼仪、中国的茶酒文化等，然后带着支架一、二的问题去当地著名餐馆用餐，即支架三——对比内容，即本国特色菜式、本国地域特色、本国饮食观念与中国的异同等。

2. 请汉硕中国研究生进本科留学生课堂

"请进来"，是根据中国文化课的需要，请有代表性的人员走进课堂。如果经常能有人到现场演示中华才艺当然非常好，但是备课要求太高，实施有困难。所以在这方面本文赞成刘颂浩（2014）提出的建议，即利用母语环境当中的汉硕中国研究生，就是各高校的汉语国际教育硕士研究生。在目前的教学实践中，大多数高校的汉硕中国研究生常有教学实习或者听课的需求，如果将面向本科留学生的中国文化课与汉硕中国研究生的教学实习联系起来，将本科留学生的同龄中国人请进本科留学生中国文化课堂，针对某些问题做自由讨论，则既能极大激发本科留学生的学习兴趣，又可以让汉硕中国研究生尽快接触到本科留学生中国文化教学。

（二）教学策略：陈述性知识部分，凸显教学目标

关于中国文化教学，学界一直有争论，张英（2004）认为文化教学的目标，既不是文化的专业性教育，也不是像观光客那样，只是浮光掠影地了解，而是在对外汉语教学这个大背景下的文化教学，其最根本的目标在于提高学习者对汉语言的接受、理解和使用能力。

但是目前的本科留学生中国文化课在教学实践中往往会因为留学生人数多、课堂容量有限等局限，选择类似于讲座式的"满堂灌"教学策略。本文认为，根据认知心理学关于知识的分类，在教学模式微观层面有一点要注意，就是在陈述性知识部分，必须凸显文化课的教学目标，即重点在接受、理解。

心理学家认为，贮存于个体内的信息及其组织是个体的知识，包括陈述性知识和程序性知识两大类。陈述性知识是个体所具有的回答"世界是什么"之类问题的知识，而程序性知识则是个体回答"怎么办"之类问题的知识。当面临新的问题情境时，获得的知识被提取出来，用来解决"是什么"和"怎么办"的问题。

对于本科留学生中国文化课来说，"世界是什么"这一部分的陈述性知识，重点应该在凸显教学目标，而不是面面俱到却泛泛的讲座式课堂。在文化内容选择方面，教师无须从古到今细细说起，可以选择从本科留学生的生活实际出发，在教材方面按照物质文化、制度文化、精神文化三大版块内容递进，选择相关文化点择要讲述。在课堂上从学生需求出发，可以按照如下顺序进行：提出相关文化点问题、观看相关文化点视频或者影视资源片段、教师内容讲解。而提出相关文化点问题、观看相关文化点视频或者影视资源片段可以与前面的设想，即利用母语环境联系起来，将学生查找资料并实践之后发现的问题在这一部分展示，然后再接上教师课堂上的内容讲解。在教师内容讲解部分，则始终贯穿问题意识，防止全而泛，凸显本课程教学目标。总之，要在这一部分帮助学生完成陈述性知识的学

习，即本科留学生通过中国文化课这一部分学习后可以知道相关中国文化点"是什么"。

（三）教学活动：程序性知识部分，创设情境

在提出相关文化点问题、观看相关文化点视频或者影视资源片段、教师内容讲解三步之后，即在完成陈述性知识学习，让本科留学生知道相关中国文化点之"是什么"之后，对于程序性知识，即课堂练习部分，中国文化课的教学活动应集中创设文化情境，让本科留学生在面临新的问题情境时，在陈述性知识部分获得的知识能够被提取出来，用来解决知道了"是什么"，然后可以"怎么办"的问题。

如陈申（2000）引述 Kramsch 的观点，认为"教授一种语言就是教怎样塑造一堂课的上下文：这堂课既是单独的个体学习事件，又是一个社会缩影。教学场景，每一参与者所扮演的角色，教学活动的目的，对话的课题，语气、模式、互动的规范以及各种人物的类别都统统集中在课堂上"。在这样的汉语情境中教学，能有效提高学生对汉语文化的适应力，学生会潜移默化地获得跨文化交际的语言能力。

例如，在中国烹饪这个文化点的课堂练习方面，可以安排教学活动，教师组织本科留学生分组，通过创设餐馆点菜、座位安排、餐桌聊天等文化情境，使本科留学生在前面学过的"中国烹饪是什么"的陈述性知识在这个情境当中被提取出来，解决此刻情境中的"怎么办"等问题。

综上所述，本文认为，在中国文化课教学模式这一概念上，研究界尚有辨析不够的地方，通过分析，本文认为将本科留学生中国文化课教学模式分为宏观、中观、微观三个层面比较合理，与教学实践关系密切的微观层面，可以通过三个设想进一步提升教学效果，即充分利于母语环境，让本科生走出去，再加上支架式教学活动，同时请汉硕中国研究生进本科留学生课堂；在教学策略构建方面，分清楚陈述性知识部分，凸显教学目标，让本科留学生知道"是什么"；在教学活动构建方面，注意程序性知识，努力创设文化情境，使本科留学生知道"怎么办"。如果将这三个具有实操性的设想付诸实践，新手教师应该能较快熟悉本科留学生中国文化教学课堂，并进一步提升教学效果。

参考文献

陈申，2000，《Kramsch 的后结构主义语言文化观》，《语言教学与研究》第 1 期。

崔永华，1999，《基础汉语教学模式的改革》，《世界汉语教学》第 1 期。

郭凌云，2010，《基于内容的留学生文化课教学模式研究》，世界汉语教学的新教材与新教法——第十届国际汉语教学研讨会论文。

黄霜霜，2016，《云南师范大学本科留学生"中国文化"课现状的调查与分析》，云南师范大学硕士学位论文。

李雁冰，1994，《简论教学模式》，《山东教育科研》第 3 期。

刘颂浩，2014，《中国对外汉语教学模式的创建问题》，《华文教学与研究》第 2 期。

路亚，2016，《情境式教学法与对外文化课教学》，广西民族大学硕士学位论文。

马箭飞，2004，《汉语教学的模式化研究初论》，《语言教学与研究》第 1 期。

杨丰荣，2015，《对外汉语文化课教学模式及成绩测试研究》，兰州大学硕士学位论文。

杨心德，2001，《教学过程设计的认知心理学原理》，《宁波大学学报》（教育科学版）第 5 期。

万伟，2015，《三十年来教学模式研究的现状、问题与发展趋势》，《中国教育学刊》第 1 期。

闫志威，2012，《中级留学生专门文化课的教学现状及教学策略》，兰州大学硕士学位论文。

杨里娟，2011，《对外汉语教学模式发展研究》，西南大学硕士学位论文。

张皎雯，2010，《汉语国际推广背景下的汉语作为第二语言/外语教学的教学模式研究与探索》，华东师范大学硕士学位论文。

张英，2004，《对外汉语文化教材研究——兼论对外汉语文化教学等级大纲建设》，《汉语学习》第 7 期。

张莹，2004，《对外汉语中的文化教学模式比较和策略分析》，《合肥工业大学学报》（社会科学版）第 5 期。

周琦，2013，《宁波诺丁汉大学中国文化课教学模式研究》，《教育教学论坛》第 21 期。

H. H. Stern，1986，《建立第二语言教学的理论模式》，蒋楠译，《国外外语教学》第 1 期。

Review of Teaching Modes of Chinese Culture for Undergraduate Foreign Students and a Microscopic Teaching Method

Abstract：The importance of Chinese culture has become a common understanding. However, many problems in culture teaching have not been fully studied in the field of teaching Chinese as a foreign language, especially on the teaching mode of Chinese culture course for undergraduate students. Reviewing the current teaching modes of Chinese culture and identifying the problems, we tend to establish a method to teach Chinese culture for foreign students at the micro level so that novice teachers can understand the undergraduate students China culture course clearly to enhance the teaching effect of teaching.

Keywords：Chinese Culture；Teaching Modes；Teaching Method

作者简介

颜湘茹　中山大学外国语学院国际汉语系副教授，研究领域为中国文学、中国文化、对外汉语教学。[yanxr@ mail. sysu. edu. cn]

两岸商务汉语课程现况考察

台中教育大学　郑雅文

摘　要　随着"一带一路"倡议的推行，汉语的学习热潮将推向另一个高峰，商务汉语课程将可能成为汉语学习者的首选。2016年陆俭明先生曾指出，"'一带一路'需要商务汉语教学"。调查汉语课程是否符合CSP依学习者之需求而设计，及考察两岸商务汉语课程之现况，有立即进行的必要性。

本研究以中华人民共和国教育部直属高等学校、"985工程"大学、台湾地区各大专院校附设之汉语中心为考察对象，针对商务汉语课程开课情况进行了解与分析。本研究希望能提供两岸商务汉语课程开课之正确资料，使汉语中心能针对商务课程之现况提出有效方案，并进行改善，以促进汉语教学迈向国际化。

关键词　商务汉语　"一带一路"　CSP

一　引言

随着"一带一路"倡议的推行，结合对外建立基础建设，并积极促使交通更为便利，中国内部经济持续成长，同时增进了既有的国际组织关系，如上海合作组织、东盟十国、欧亚经济共同体等。因此，可预期汉语的学习热潮将推向另一个高峰。由于以中国为出发点结合各国共同发展经济，中国将成为世界经济脉动指标性的国家，商务汉语课程将可能成为汉语学习者的首选。2016年6月11日在上海财经大学举办的研讨会①中，陆俭明

---

① 2016年6月11~12日于上海财经大学举办了"商务孔子学院发展与汉语国际教育暨第六届中外商务合作跨文化交际与商务汉语教学研讨会"。

先生指出，"'一带一路'需要商务汉语教学"。这次研讨会有三个主要讨论项目：（1）商务孔子学院发展如何对接中资企业和当地企业的人才需求；（2）商务汉语体系与师资培训；（3）专用汉语与语体分析。目前至两岸留学的国际学生相当多，除了学位生以外，还有很多是为学习汉语而来的非学位生。这些非学位生在华学习的时间大都较短，各大学附设的汉语中心课程是否能满足学习者的需求？为顺应经济发展趋势，汉语课程是否符合CSP（Chinese for Specific Purposes，专门用途汉语）依学习者之需求而设计？笔者通过考察两岸商务汉语课程之现况，认为有立即修正的必要性。

中华人民共和国教育部 2016 年统计数据显示[①]，2016 年，外国留学生共计 442773 人，较 2015 年的 397635 人增加 45138 人。其中学位学生209966 人；非学位学生 232807 人，占学生总人数 52.58%。"台湾教育部"统计处统计，2015 年来台境外学生总计 110182 人，学位学生 46523 人，非学位学生 63659 人，非学位学生占境外学生总人数 57.78%。大陆方面，随着"一带一路"倡议的推行，学生人数从 2014 年至 2016 年不断地攀升，留华学生的结构也受"一带一路"的影响而改变。根据中华人民共和国教育部数据显示，"一带一路"倡议的积极推动，使得学生人数以及国籍的结构发生改变，"一带一路"沿线国家留学生人数明显增长，如巴基斯坦、哈萨克斯坦、泰国等国赴中国留学的人数排名，均快速持续往前推进。台湾方面，境外学生人数攀升速度也很快，据统计，2014 年为 92685 人，2015年一年内增加至 110182 人。

二　商务汉语课程需求者分析

吕必松（1986）强调，人们学习外语或第二语言的时间是有限的，因此都希望在有限的时间内学习到自己最需要的东西。依上述的资料来看，两岸非学位学生人数均超过 52%，显然短期赴两岸进修学习汉语者占很大的比例。

---

① 参见中华人民共和国教育部官方网站。

（一）商务汉语学习者之需求分析

毛悦（2010）曾调查了汉语学习者学习汉语的动机，因工作需要学习汉语者占66%，18%是为了了解中国文化，其他动机占16%（如图1所示）。学习目的即学习后的用途：与中国同事交流占41%，欲在华或回国后选择从事与商务有关工作者占38%，21%是为了留在中国生活（如图2所示）。

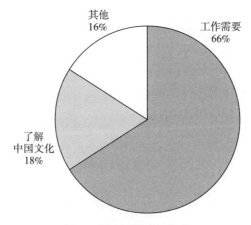

图1 学习汉语动机调查

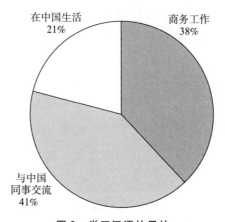

图2 学习汉语的目的

张黎（2006）指出，一般提到商务汉语总是联想到国际贸易，商务汉语教材也以贸易洽谈、贸易文书口语训练为主。据邱晓蕾（2006）调查，2002～2004年在中国主要从事进出口贸易业务、公司行政管理、外语教学工作的人数增幅达 58.8%，远高于理、工、农、医、文等专业类别。陈丽宇（2011）指出，观察各汉语中心，开设的商务汉语课程都安排在中、高阶程度，学习汉语至少一年半的学习者才能学习商务汉语课程，这对学习者学习时间的要求略嫌过长。根据调查，学习者需求分别为礼节性交际、生活交际、商务信息交流、协商洽谈。这四项需求，有意愿的学习者人数由多至少。高级商务汉语学习者人数减少，并不表示需求量减少，主要还是跟在华停留的时间有关，一般非学位留学生在华学习时间大多较短。若能在初、中级阶段奠定商务课程之基础，加入基本商务行为之学习，则能减少商务课程学习之时程、降低学习难度。

（二）大陆汉语课程的现况

根据中华人民共和国教育部统计，2016 年的留学生分布在全国的 829 所高等学校及研究单位或其他教学机构。因人数众多且分布范围广，不易精确掌握学生学习商务汉语课程的现况。本研究以教育部直属的 74 所高等学校、"985 工程"的 39 所大学为考察对象。其中 33 所重复，因此，实际考察学校 80 所。

有 39 所学校为具有特殊专业科目的学校，如中国石油大学、中国传媒大学、中央美术学院等，这些有特殊专业科目的专门学校接受留学生，但只接受学位学生，提供学生专业学习的环境，多数学校对于申请留学的学生，无汉语能力等级要求。有 41 所大学设有汉语教学课程，其中 38 所学校的课程内容（见表 2）大致分初级、中级、高级，各校再依课程需求细分学习等级。课程设计以听、说、读、写四大项目为主要教学目标。课程内容为一般生活汉语并设置中国历史、文学、汉字、地理以及 HSK 辅导等，让学生能更深层地了解中国文化，并能通过语言能力测试。学校也提供非一般生活用语训练课程，如书法、武术、古诗词选读、太极、商业、外交等多种选修课程。

北京中医药大学开设的汉语教学课程为"中医 + 汉语"的模式，汉语为主，中医药为辅，并根据学生语言能力进行与中医药相关的课程教学。中国农业大学除了必修汉语课程以外，学生还可选修中国概况、农业汉语等课程。西安电子科技大学除了一般汉语课程外也开设科技汉语以及商务汉语课程。以上三所学校都依据学校的专业，为学生开设 CSP 课程（见表 1）。

表1　开设 CSP 课程大学

大学名称	汉语课程			商务汉语选修课程	CSP 课程
	初级	中级	高级		
北京中医药大学	◎	◎	◎		中医药汉语
中国农业大学	◎	◎	◎		农业汉语
西安电子科技大学	◎	◎	◎	★	科技汉语

注：◎表示开设汉语课程 ★表示开设商务汉语选修课程

以上三所学校分别依据学生能力开设了初级、中级、高级汉语课程，也依照学校专业的特色，开设 CSP 课程，为学生提供更明确的学习环境。其中西安电子科技大学在选修课程方面设置了商务汉语课程。

本文对 38 所大学的汉语进修课程与商务汉语课程开课情况进行了考察（见表 2），重点考察这些大学一般汉语课程的等级、是否设置商务汉语课程、商务汉语是否为选修课程等。

表2　大陆汉语进修课程与商务汉语课程开课情况

学校名称	汉语课程			商务汉语选修课程
	初	中	高	
A 区				
北京大学	◎	◎	◎	
北京师范大学	◎	◎	◎	
北京科技大学	◎	◎	◎	
北京邮电大学	◎	◎	◎	
中央戏剧学院	◎	◎	◎	
吉林大学	◎	◎	◎	
东北师范大学	◎	◎	◎	
同济大学	◎	◎	◎	
东华大学	◎	◎	◎	
中国矿业大学	◎	◎	◎	
河海大学	◎	◎	◎	
浙江大学	◎	◎	◎	
厦门大学	◎	◎	◎	

续表

学校名称	汉语课程			商务汉语 选修课程
	初	中	高	
A区				
山东大学	◎	◎	◎	
华中科技大学	◎	◎	◎	
中山大学	◎	◎	◎	
西南财经大学	◎	◎	◎	
西安交通大学	◎	◎	◎	
陕西师范大学	◎	◎	◎	
长安大学	◎	◎	◎	
哈尔滨工业大学	◎	◎	◎	
北京航空航天大学	◎	◎	◎	
B区				
中国人民大学	◎	◎	◎	★
北京外国语大学	◎	◎	◎	★
上海交通大学	◎	◎	◎	★
华东理工大学	◎	◎	◎	★
上海外国语大学	◎	◎	◎	★
南京大学	◎	◎※	◎※	★
西南交通大学	◎	◎	◎	★
东南大学	◎	◎	◎	★讲座
C区				
北京交通大学	◎	◎※	◎	
中央财经大学		◎※	◎	
清华大学	◎※	◎※	◎※	
对外经济贸易大学	◎※	◎※	◎※	
北京语言大学	◎/※	◎/※	◎/※	
复旦大学	◎/※	◎/※	◎/※	
上海财经大学	◎/※	◎/※	◎/※	
重庆大学	◎※	◎※	◎※	

注：◎表示开设汉语课程※表示将商务汉语课程列入主要汉语课程★表示开设商务汉语选修课程

表 2 共分为 A、B、C 三区，A 区有北京大学、北京科技大学、同济大学、中山大学等 22 所大学，开设的汉语课程大致分为初级、中级、高级，选修课程以推广中国文化、太极、HSK 辅导等内容为教学重点。B 区有中国人民大学、北京外国语大学、上海交通大学等 8 所学校，这些学校将商务汉语课程列为选修课程。其中东南大学以举办讲座方式或按学生需求安排商务汉语课程，举办讲座应属类似课外活动的辅助教学，因此不能列入表 2 的商务汉语选修课程。观察这 8 所大学的商务汉语选修课程，无法看出是否定期开课、课程等级编排、学生语言能力要求。C 区共 8 所大学，北京交通大学及中央财经大学将商务汉语课程列入主要汉语课程中级程度。清华大学、对外经济贸易大学、重庆大学将商务汉语课程列入主要汉语课程，并分布于初、中、高级。北京交通大学商务汉语课程共 64 小时，此课程算是重量级的密集课程，学生语言能力必须达 HSK 四级 210 分以上，此课程希望培养学生商务技能、技巧，并希望学生能通过商务汉语考试（BCT）[①] 四级，以期学生能达到商务汉语中高级水平。中央财经大学也将商务汉语课程列入主要汉语课程，针对孔子学院奖学金学生提供一学年与一学期两种汉语学习课程。其中一学年学生成绩必须在 HSK 三级以上才可以申请入学，并在第二学期学习每周 4 小时的经贸汉语。另外 3 所大学——北京语言大学、复旦大学、上海财经大学将汉语课程分为一般汉语课程与商务汉语课程，学生可自己选择自己喜欢的课程内容。

北京语言大学的商务汉语课程（见表 3）为汉语短期课程，一年开两次课，一学期 18 周课程，一周上 20 个小时。满 16 人才开班，未满 16 人，学生则插入其他班级。

表 3　北京语言大学商务汉语课程

2017 年 2 月 23 日~6 月 23 日	商务汉语
2017 年 9 月 14 日~2018 年 1 月 10 日	商务汉语
16 人开班，未满 16 人插入其他汉语班学习。	

复旦大学设置中国经济与商务专业进修项目（见表 4），学生语言程度必须在中级以上。课程为商务汉语及经贸知识，培养学生运用汉语进行经

---

① 　商务汉语考试，Business Chinese Test，简称 BCT。

贸活动的实际能力。

表 4　复旦大学商务汉语课程

中国经济与商务专业进修项目主要课程	
经贸汉语模块	经贸汉语听力，经贸汉语口语，报刊经济作品选读，经济应用文写作
中国经济模块	中国经济热点，中国经济体制改革，中国对外经济关系，中国投资环境，中国涉外经济法规，中国经济文化
经贸活动模块	经济生活指南，跨国公司与中国市场，金融贸易理论与实务，三资企业管理

注：项目从各模块中选取课程讲授，每周 16～18 课时。每年开设课程可能会有不同。

　　上海财经大学自 2004 年起就开设了商务汉语课程（见表 5），根据学生语言能力，提供不同级别商务汉语课程。上课内容侧重商务环境中的实际应用，如商务文化、商务礼仪、商务新闻、商务写作等。2010 年，上海财经大学成为"国际商务汉语教学与资源开发基地"之一。

表 5　上海财经大学汉语短期课程

上海财经大学汉语短期课程	
课程时间	每年 2 月～6 月春季班、每年 9 月～次年 1 月秋季班
学生程度	学习汉语 300 小时以上
班级程度	商务汉语初级、中级、高级班

（三）台湾汉语课程的现况

　　根据"台湾教育部"数据显示，目前在台湾地区的大学内附设汉语中心的（见表 6）共计 45 所大学，其中台湾大学文学院国际汉语研习所与语文中心中国语文组为同一单位，因此，本研究考察了 44 所学校商务汉语开课现况。这些学校分布于全台各地，汉语中心的学生有外籍交换生、学位学生、奖学金学生以及非学位自费生等。对这 44 所大学的汉语课程及商务汉语课程进行进一步考察发现，学校所开设的汉语课程为一般正规班的汉语课程，学生程度根据听、说、读、写四大技能，大致分为初级、中级、高级，有的学校再根据课程需求细分课程等级。选修课程也是侧重中国文化、书法、写作等方面。政治大学、台湾大学、台湾师范大学等 25 所学校，开设正规班的课程，选修课程以文化方面的课程为主，正规课程和选修课程都未设置商务汉语课程。义守大学开设了"餐旅汉语"CSP 课程，让学生有学习更多专业方面汉语的选择。从资料上观察，义守大学是目前唯一一所为学生开设 CSP 课程的大学。高雄师范大学、彰化师范大学、屏东科技大学、联合大学等 7 所学校在网站上并未明确标示汉语课程内容、学生汉语能力分级、班级人数、教材等信息，也无商务汉语课程设置的任何信息。

成功大学与中山大学将商务汉语课程设置为选修课程，但成功大学未分授课等级、学习者语言能力等级，也未提供使用教材的信息。中山大学要求语言能力中、高级以上的学生才可选修商务汉语课程。中高级使用的教材为《实用商业汉语一、二》，高级班选用《商业文选》。

表6 台湾汉语进修课程与商务汉语课程开课情况

附设汉语进修课程的大学	汉语课程			商务汉语选修课程
	初	中	高	
只开设一般汉语课程				
政治大学	◎	◎	◎	
台湾大学	◎	◎	◎	
台湾师范大学	◎	◎	◎	
中兴大学	◎	◎	◎	
"中央"大学	◎	◎	◎	
嘉义大学	◎	◎	◎	
高雄大学	◎	◎	◎	
台北科技大学	◎	◎	◎	
台中教育大学	◎	◎	◎	
东吴大学	◎	◎	◎	
中原大学	◎	◎	◎	
淡江大学	◎	◎	◎	
中华大学	◎	◎	◎	
实践大学	◎	◎	◎	
昆山科技大学	◎	◎	◎	
慈济大学	◎	◎	◎	
龙华科技大学	◎	◎	◎	

续表

附设汉语进修课程的大学	汉语课程			商务汉语选修课程
	初	中	高	
只开设一般汉语课程				
建国科技大学	◎	◎	◎	
高苑科技大学	◎	◎	◎	
佛光大学	◎	◎	◎	
中华科技大学	◎	◎	◎	
台湾首府大学	◎	◎	◎	
台北城市科技大学	◎	◎	◎	
文藻外语大学	◎	◎	◎	
逢甲大学	◎	◎	◎	
开设商务汉语选修课程				
成功大学	◎	◎	◎	★
中山大学	◎	◎	◎	★
开设商务汉语课程				
交通大学	◎	◎	◎※	
台北教育大学	◎	◎	◎※	
屏东大学	◎	◎	◎※	
东海大学	◎	◎	◎※	
辅仁大学	◎	◎※	◎	
文化大学	◎	◎	◎※	
静宜大学	◎	◎	◎※	
铭传大学	◎	◎※	◎	
南荣科技大学	◎	◎※	◎※	
无法辨识是否开设商务汉语课程				
高雄师范大学	未标示课程等级及内容			
彰化师范大学	未标示课程等级及内容			
屏东科技大学	未标示课程等级及内容			
联合大学	未标示课程等级及内容			
南台科技大学	未标示课程等级及内容			
开南大学	未标示课程等级及内容			
桃园创新技术学院	未标示课程等级及内容			

续表

附设汉语进修课程的大学	汉语课程			商务汉语选修课程
	初	中	高	
开设专门用途汉语课程				
义守大学	◎	◎	◎	

注：◎表示开设汉语课程※表示将商务汉语课程列入主要汉语课程★表示开设商务汉语选修课程

辅仁大学、铭传大学开设的商务汉语课程，设置在正规课程的中级程度，学生学习一般汉语课程后，汉语水平达中级程度就衔接商务汉语课程。南荣科技大学则为中、高级。这三所学校所使用的商务汉语教材均为《实用商业汉语一、二》。

交通、台北教育、屏东、东海、文化、静宜6所大学将商务汉语课程列入高级班正规课程。屏东、静宜大学使用《实用商业汉语一、二》教材，交通、文化大学使用学校自编商务教材，文化大学采用商业经营主题式教学，台北教育、东海大学使用《商用会话》教材（见表7）。

表7　高级汉语班商务汉语教材

学校名称	选用教材
交通大学	自编教材
台北教育大学	《商用会话》
屏东大学	《实用商业汉语一、二》
东海大学	《商用会话》
文化大学	自编（商业经营主题）
静宜大学	《实用商业汉语一、二》

"中央"大学另设汉语学分课程，学分课程授课对象为校内大学部及研究所的国际学生、侨生和交换学生。课程采用学期制，提供不同等级汉语课程，涵盖听、说、读、写训练以及应用会话等多种课程。应用汉语课程使用《实用商业汉语一、二》教材，让学生能在实际情境下掌握沟通能力。

也有多所学校在校内开设了类似"中央"大学学分班、中文专班的汉语课程，希望能协助学位学生学习中文，顺利在大学部、研究所或博士班完成学业。初级课程内容多以基础生活会话为主，中级课程较侧重基础阅读、写作，高级课程则侧重中、高级写作，协助学生顺利完成学位课程的报告、研究讨论、论文等。这些课程一般不设置选修课程，有的学校视学生需求为学生开设不同的课程，例如 TOCFL 汉语能力测验加强课程、口语表达课程、阅读加强课程、写作训练课程等。

三　两岸未开设商务汉语课程原因调查

上海财经大学举办的研讨会中，也讨论了关于商务汉语体系与师资培训的问题。朱黎航（2003），陈丽宇、杨蔼莹（2008）、陈丽宇（2011）等多位学者都曾表示，大多数汉语教师本身为非商业相关背景，因无商业经贸方面工作经验、商务经贸专业知识欠缺，需要涉猎基础商业知识，这使得部分教师裹足不前。为进一步了解两岸未开设商务汉语课程的原因，笔者除了对调查结果进行了分析，还与大陆方面四位教师进行了访谈，虽未能全面性访谈，但四位教师的看法近乎一致；台湾则逐一打电话至汉语中心进行了解。以下为两岸访查概况。

（一）大陆方面

1. 商务汉语课程现况

本研究考察了 38 所大学设置汉语课程的情况，有 22 所未设置商务汉语课程，8 所将商务汉语设置为选修课程，5 所将商务汉语列入一般必修课程，3 所学校的学生可在正规汉语课程中选择一般生活汉语或商务汉语课程。（见图 3）

据统计，以往来华学习的学生以教育专业、理科、工科、农科学生较多，相较于 2012 年，经济、西医、文学、法学、管理等专业学生的数量明显增加，学生数量增加幅度超过 50%。以学生人数估计，商务课程设置确实过少。设置商务汉语课程的大学的招生网站，也未显示使用的教材，我们无法得知商务汉语教材是否符合现今的环境需求。

2. 大陆地区未开课原因

通过访谈四位汉语教师，我们得知目前未设置商务汉语课程的原因如下。

（1）中华人民共和国教育部第 42 号令《学校招收和培养国际学生管理办法》中第三章教学管理提及"汉语和中国概况应当作为高等教育的必修

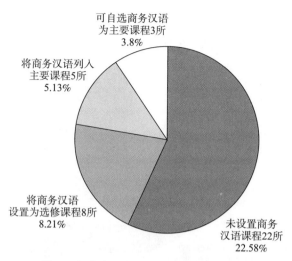

图3　大陆地区商务汉语课程课设置情况

课；政治理论应当作为学习哲学、政治学专业的国际学生的必修课"。目前这些科目对汉语教师教学来说已成一大难题，部分学校还得请中国概况、哲学、政治等方面的专业教师授课，甚至还得使用英文授课。多数汉语教师觉得商业领域对汉语教师来说是另一门专门学科，教授商务汉语实有难点。

（2）校方在教材的选用上以"通用性"教材为主，一方面是通用性教材较能符合大众需求，另一方面是教材设计较完整，取得也较容易。

（3）非学位生多数专业为中文、外语、社会人文方面，学生主要希望短期内即能将汉语学好，因此校方开设了一系列汉语课程，希望能透过密集训练，让学生快速习得。

（4）校方未针对学习者进行课程问卷调查，不知道对商务汉语课程感兴趣学生人数的多寡。

（二）台湾方面

1. 商务汉语课程现况

本文考察了台湾43所大学设置汉语教学单位的情况（此处统计数据不含义守大学），有25所未设置商务汉语课程，2所将商务汉语设置为选修课程，9所将商务汉语列入中、高级以上的必修课程，7所学校因未标示正规汉语课程学生汉语能力分级，也未提及选修课程的相关信息，无法辨别是否设置了商务汉语课程（见图4）。

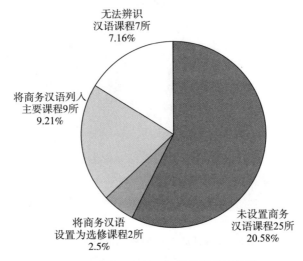

图4　台湾地区商务汉语课程课设置情况

2. 台湾地区未开课原因

通过调查台湾地区大学附设的汉语中心，开设商务汉语课程的学校大约只占总数的1/4，事实上有些商务汉语是选修课程，若选课人数不足，校方即关课。综合访查得知商务汉语课程未开设的原因如下。

（1）汉语中心未规划商务汉语课程。

（2）商务汉语课程师资不足。

（3）未有学生提出商务汉语课程的需求。

（4）商务汉语教材不足。

（5）学生人数不足。

根据李育娟（2010）的调查，77%的汉语学习者想学习商务汉语。学生人数不足的问题，可能不完全是由于学生对学习商务汉语的课程不感兴趣。有可能是学习者语言能力不符合学校的要求，因大多要求学生汉语能力达中级以上程度。通过观察，各大学选用的商务汉语教材为《实用商业汉语一、二》、《商用会话》、自编教材等，以上除了自编教材，另两个教材难度较高，初级学习者确实无法使用。多数专家认为，初级生活汉语与入门级商务汉语的词汇使用重叠率在80%以上。若选取适合初级汉语能力者的教材或是自编初级商务汉语教材供学习者使用，教材内容真实性高又贴近生活，商务汉语课程开课的概率必定大幅提高。教师运用教学技巧，协助学习者进行商务情境分析，包括情境中的交际活动、交际技能和商务词汇等，学习者应可快速融入学习。

四 两岸商务汉语课程建议

根据 2016 年统计，来华学习学生人数较 2012 年增加 35%，中国已成为亚洲地区最大留学目的国，学生学习汉语的总人数相较于 2012 年却下降了 15.3 个百分点，学生学习汉语以外的其他专业的比例明显增加。显然来华留学的吸引力与经济发展实力受到留学生的关注。但综观两岸商务汉语课程的现况发现，商务汉语的课程开设太少，可能无法满足学习者的需求，也无法顺应快速成长的经济趋势。

以两岸目前留学生总人数达 55 万人、非学位留学生近 30 万人来看，学习者居留多为短期，希望快速习得语言能力者占大多数，而且这一人数有快速增长的趋势。根据毛悦（2010）的调查，高达 66% 的汉语学习者是为了满足工作需要，以两岸目前 55 万留学生来计算，约有 363000 人学习汉语是为了满足工作需要。根据李育娟（2010）调查，77% 的汉语学习者想学习商务汉语，即约 423500 人想学习商务汉语。除了课程的设置，教材的开发、师资的培训也是重要实施的方向。两岸汉语课程侧重一般日常生活汉语，协助学习者达到日常生活沟通的目的。为适应经贸发展需求，以下针对两岸商务汉语课程分别提出建议。

（一）商务汉语课程设置建议

两岸教学各有特色，商务汉语课程设置要点、教材、教师发展与学习者需求都不同，以下分别讨论。

1. 大陆方面

《中国留学发展报告（2017）》显示，"打破以汉语学习为主的格局，学科分布更加合理"。课程内容设计上，只有贴近交际沟通的要求，才能协助学习者达到习得与运用目标。商务汉语涵盖的范围非常广，交际沟通内容除了对外公司与公司间的商谈，内部沟通也十分重要，例如职场上的商务汉语应包括办公室用语、电话礼仪、办公室礼仪、部门运作等内容，不应只局限在接机、交换名片、订饭店等内容。"一带一路"带动社会经济发展，商务汉语交际沟通的内容应更丰富。

教师方面，应有计划性、针对性、专业性地开设商务汉语师资培训课程。商务汉语课程设置应以"一带"丝绸之路为重点，带动经济核心地区包括新疆、青海、甘肃、陕西、宁夏、重庆、四川、广西、云南，未来这几个地区跨国性的商务活动必定越来越频繁，外国人士到这几个地区留学的人数也必定增加，相应地商务汉语教师的需求也会增加。观察这些地区的大学，设有汉语进修课程的不多，更别提 CSP 课程了。各语言单位应思考如何将汉语课程及 CSP 课程，尽速推广至各地区的大学。开发初级商务汉语教材，更应以"一带一路"沿线国家为主要商务教材设计对象，要以国别化、实用性、针对性为教材设计重点，让短期留华学生也能在最短时间内习得商务沟通技巧。

2. 台湾方面

2016 年台湾地区推动"新南向政策"，结合民间企业与团体的资源与力量，从"经贸合作""人才交流""资源共享""区域链结"四大面向着手，建立"经济共同体意识"。长期来看，汉语学习者的目的大多是为了将来的工作做准备，学生未来发展方向应不会局限在台湾地区，我们应该设置更多不同的专门商业用途汉语课程，让学生有更多的选择、更多的学习机会。台湾有很多科技大学，各有各的专业特色，侧重在商业领域方面的大学也不在少数，课程设计可以十分多元，例如商业秘书、商业行政、办公室用语、部门与部门之间的情境用语等。以往商务汉语课程大都侧重商务经贸，语言能力的要求相对比较高。若能结合商业方面的专业，设计不同领域的商务汉语课程，应更能满足学习者的需求。

（1）编写客制化教材

教材内容应向针对性、实用性的方向设计，以文藻外语大学为例，文藻于 2014 年出版《职场汉语通》，这本教材是根据越南台商公司职场情境所设计的初级商务汉语教材，这本书是专为台商公司所打造的，对象为台商公司的越南籍员工。台商公司为了方便职场上的沟通，公司方面鼓励越南籍员工学习汉语，因此，文藻特别针对越南台商的特有环境以及特殊需求，编写侧重口语学习、以汉语拼音与越南语标示之客制化教材。因大受好评，文藻又继续开发供越南台商使用的商务汉语教材系列，以越南台商塑料制鞋业为对象，编写《越南汉语通》系列商务汉语教材，《越南汉语通——工厂篇》《越南汉语通——办公室篇》都是以塑料制鞋业为主轴的教材，是针对厂商、产品、公司性质等所编写的。

（2）进行师、生课程意愿调查

应针对课程设计、师资培训、教材开发、学生课程需求四方面进行全面性调查与整合，以满足学习者对课程的需求。

商务汉语教学主要还是贴近生活的商务交际语言，我们所要教授给学生的并非经营管理、商业市场分析、商业调查以及商业危机处理等。商务汉语只要选对适合学习者的教材，授课教师再针对教材内容备课，教学侧重交际沟通，必定能解决教师教授商务汉语课程的困扰。

参考文献

陈丽宇、杨蔼莹，2008，《商用汉语教材研发规划》，台湾汉语文教学年会暨研讨会。

陈丽宇，2011，《情境分布对汉语文教材编写的重要性探讨——以 CEFR 之 B1 级商用汉语教材为例》，《中原汉语文学报》第 7 期。

李育娟，2011，《商务汉语学习者需求分析》，《汉语文教学研究》第 8 卷第 3 期。

吕必松，1986，《试论对外汉语教学的总体设计》，《汉语教学与研究》第 4 期。

毛悦，2010，《特殊目的汉语速成教学模式研究》，北京语言大学出版社。

邱晓蕾，2006，《面向"工作驱动型"留学生的商务汉语学改革设想》，《海外华文教育》第 3 期。

文藻外语大学应用汉语文系，2014，《职场汉语通》，酿出版。

张黎，2006，《商务汉语需求与分析》，《语言教育与教学研究》第 3 期。

郑雅文，2014，《汉语"教"与"学"之调查与分析研究》，硕士论文。

朱黎航，2003，《商务汉语的特点及其教学》，《暨南大学华文学院学报》第 3 期。

An Investigation into the Current Status of Business Chinese Instruction in Taiwan and Mainland China

Abstract：With the promotion of the Belt and Road Initiative，another wave of Chinese learning craze is expected worldwide，and taking business Chinese courses may be the top choice for Chinese language learners. In 2016, Mr. Lu Jianming pointed out that "business Chinese instruction is essential for constituting the Belt and Road initiative". It is necessary to investigate the current business Chinese instruction in Taiwan and mainland China to examine if the Chinese courses provided by universities meet students' expectations, and if the Chinese courses provided are designed in compliance with Chinese for Specific Purposes (CSP) regulation.

This investigation includes the universities affiliated with Project 985, the tertiary institutions directly affiliated with PRC's Ministry of Education, and the Chinese language centers in Taiwan's universities as the research subjects. The aim is to analyze and understand the overall status quo of their business Chinese courses. It is anticipated that this investigation will provide more accurate statistics regarding business Chinese instruction in Taiwan and mainland China in order to facilitate the development of Chinese language teaching worldwide.

Keywords: Business Chinese; The Belt and Road Initiative; Chinese for Specific Purposes (CSP)

作者简介

郑雅文 文藻外语大学华语教师，台中教育大学语文教育博士生 ［sheena 242526@ gmail. com］

近十年汉语作为第二语言的
学习者研究回顾与展望[*]

北京语言大学对外汉语研究中心　魏岩军　王建勤

北京语言大学汉语学院　李建成

摘　要　第二语言学习者的研究，主要包括学习者情感因素研究、个体差异一般因素研究、学习策略研究和认知风格研究四个方面，这些因素对语言习得水平有显著的影响作用。近年来越来越多的学者意识到这一作用，这一领域也成为二语习得研究迅速发展的一大领域。本文首先对当前汉语作为第二语言学习者研究的上述四个维度进行了回顾，系统整理了这些因素与第二语言习得的密切关系，然后指出了该领域研究所获得的新进展及对未来研究的展望。

关键词　第二语言学习者　情感因素　个体差异　学习策略　认知风格

一　引言

在语言教学中我们会经常发现，不同的语言学习者之间存在很多差异，有的学习态度积极、有的消极；有的融入目的语社团的动机强烈，有的仅仅将语言作为工具来学习；有的习惯边阅读边查生词，有的习惯跳过生词注重意义理解；有的善于在真实的交际中学习词汇和语法，有的偏重背单

* 本成果受北京语言大学院级项目（中央高校基本科研业务费专项资金）（18YJ060002）、北京语言大学校级项目（中央高校基本科研业务费专项资金）（17YBB01）、北京语言大学青年英才培养计划（BLCU Youth Talent Development Program）和教育部人文社科重点研究基地重大项目——汉语作为第二语言教学学科年度发展报告（14JJD740007）资助。
本文综述的论文是 2006～2016 年的学术成果。

词和学习语法知识。这些差异的存在对第二语言学习的最终结果有很大影响。对上述问题的研究均属于关于第二语言学习者的研究，主要是指学习者的情感因素研究、个体差异研究和学习者的学习策略以及认知风格方面的研究。本文首先从上述四个方面回顾当前汉语作为第二语言学习者的研究现状，然后指出该领域研究所获得的新进展，并提出对未来研究的展望。

二 汉语作为第二语言的学习者研究回顾

学习者的个体因素或直接或间接地对学习者的学习结果产生影响，这些因素既包括学习者的态度、动机等情感因素，也包括一般的个体因素（年龄、性别、母语背景等）以及学习者的学习策略和认知风格。

1. 二语学习者情感因素研究

在研究内容上，汉语二语学习者的情感因素研究包括了态度、动机、焦虑和学习倦怠四个方面。其中汉语学习动机研究最为丰富，其次是学习态度研究。关于学习焦虑和学习倦怠的研究也开始出现，在一定程度上丰富了情感因素视角下的汉语习得研究（张晓路，2008；郭睿，2016）。

情感因素的二语习得研究主要关注两个基本问题。第一，归纳总结情感因素的不同类型及其内涵。例如，丁安琪（2014）通过对问卷调查的数据进行因子分析，归纳总结出了机遇动机、经验动机、职业发展动机、内在兴趣动机和重要他人影响动机五大类型。相比较而言，李向农、魏敏（2015）以来华留学预科生为研究对象，通过因子分析析出七种动机类型，即内 - 外混合型动机、个人发展动机、教师因素动机、社会因素动机、学习情境动机、移民动机和考试动机。第二，揭示个体因素对不同类型情感因素的影响作用。第二个问题往往以第一个问题的分类框架作为基础，进一步探索学习者各情感类型在个体因素的不同水平之间是否存在差别。例如，专业对学习者汉语学习动机有显著影响（丁安琪，2014；李向农、魏敏，2015）；汉语学习阶段、汉语习得水平对学习效能感和学习倦怠存在影响（郭睿，2016）；华裔所属国家、来华前汉语学习时间、学历、年龄和性别对汉语语言态度有影响，而没有影响的是职业背景和汉语水平（王志刚等，2004）。

在研究方法上，此类研究往往采用问卷调查的方法，问卷的编制上或改编已有经典问卷，或根据前期的调查和访谈自行编制问卷，通过统计检验增删题目，以因子分析的方式抽取问卷构成的主要成分并进行命名和分析。因子分析方法在此类研究中得以广泛使用，研究质量得到提高，研究的结论具有重要的参考价值。

2. 二语学习者个体差异一般因素研究

在汉语习得研究中，个体差异的一般影响因素涉及了性别、专业、职业、族群背景、母语背景、汉语学习时间、在华时间等诸多因素（魏岩军等，2012；魏岩军等，2015b），考察较为全面，问卷数量较多，统计分析可靠，结论可信。例如，王佶旻（2007）对223名留学生个体因素和口语能力测验之间的关系进行了调查。调查结果发现，年龄、国别和华裔家庭背景对口语能力有显著影响，而性别、职业、母语背景、受教育程度和学习动机类型等因素对口语能力没有显著影响。考虑到口语能力的个体差异往往较大，该研究对口语范畴的考察在一定程度上具有较高的研究价值。

年龄对语言习得的影响一直是第二语言习得理论研究和教学实践中的焦点问题，是探讨学习者个体差异的重要因素。可惜的是，此方面汉语习得研究非常少，对语言习得"关键期假设"的专门研究更少。柴省三（2013）的研究是探讨此类问题的代表性研究。该研究首先通过问卷调查采集学习者的各种背景信息，然后严格控制汉语习得初始状态、习得方式、习得时长和习得环境等无关变量，将汉语习得起始年龄作为自变量，以汉语语法、词汇识别、汉字书写和语音听辨水平作为因变量，采用相关分析法和语言习得量变曲线，分别考察起始年龄因素对青春期前、后两组不同学习者汉语习得速度的影响和模块化差异。研究结果显示，年龄因素对学习者汉语习得的影响具有明显的模块化差异特征，起始年龄对语音习得水平的影响呈现线性单调递减的变化关系，但学习者在语法、词汇和汉字三个模块上的习得速度则沿着起始年龄维度呈现近似于 W 形曲线特征；学习者的习得速度在四个语言模块上均不存在以青春期年龄为标志的"临界"转折点，起始年龄变量对青春期前、后两组学习者能否达到准母语者水平的概率具有显著性影响。这一结果支持了多元敏感期假设，其解释力要高于关键期假设和多元关键期假设。该研究具有多重的价值和意义：第一，实验设计比较严谨，无关变量得到了很好的控制；第二，因变量以汉语水平考试（HSK）这一标准化语言测试成绩为准，语言水平测量信度比较高；第三，该研究具有一定的理论价值，能够从理论出发并使用恰当的实验设计和数据统计来支持或反驳相互对立的三种关于年龄因素的假设。

3. 二语学习者学习策略研究

近十年来，汉语二语学习者的策略研究涉及的内容比较广泛，包括阅读策略（钱玉莲，2006）、口语学习策略（吴勇毅，2008）、词汇学习策略（符冬梅、易红，2013）、韵律停延策略（张延成、徐晓霞，2013）、口语交际策略（江晓丽，2015）等诸多层面。通过这些研究，研究者可以深入地了解学习者如何解决学习中实际遇到的各种问题，从而为汉语教师制定更为切合学习者实际需求的教学目标和方法提供了可靠的依据。

在研究方法上，早期的策略研究往往采用调查问卷的研究范式，其学习策略问卷往往是通过修改已有量表或者自制量表编制（如钱玉莲，2006；刘凤芹，2012）。吴勇毅（2008）采用的则是访谈方式的个案研究，这种质性研究范式跟定量研究相互印证，加深了对学习策略的进一步认识。值得关注的是，后来的研究开始逐渐脱离调查问卷和学习者自述的研究范式，采用更为直接的方式观测学习者在学习活动中实际采用的策略，比如张延成、徐晓霞（2013）的研究要求汉语学习者完成单句朗读、篇章朗读和自由说话三种表达任务。作者通过语音分析直接揭示了汉语学习者使用的停延策略，比如倚重停延来提取目的语知识、争取时间组织语言；倾向于使用停顿而非延时；利用停延进行长词串韵律组块；等等。江晓丽（2015）的研究在调查问卷和访谈之外，还设计了口语任务要求学习者来完成，这种研究范式有利于直接观察和记录学习者在完成语言任务时实际使用的策略，避免了单纯依赖学生口述造成的数据可能不准确的问题，从而使得学习策略的研究更加真实、可靠。

4. 二语学习者认知风格研究

认知风格是指人们对信息和经验进行加工时表现出来的个体差异，是个体在感知、记忆和思维过程中经常采用的、所偏爱的、习惯化了的态度和方式（王建勤，2009）。美国心理学家 Witkin 于 20 世纪 40 年代提出了"场独立"型和"场依存"型两种不同的认知方式。简单来说，倾向于前一种认知方式的人认识事物时，很少受到环境和他人影响，而后一种认知方式的人则受环境和他人影响较大。不同的认知方式对第二语言学习者的语言习得过程和策略会产生不同的影响。

认知风格的研究包括了学习者和教师两个维度。吴思娜、刘芳芳（2009）和吴思娜（2013）的两项研究考察的是学习者的认知风格，其研究首先通过认知风格测验区分了"场独立"型学习者和"场依存"型学习者。然后，前一项研究通过问卷调查了学习者的汉语学习需求，后一项研究通过语言测验获得学习者的汉语成绩，考察了不同的认知风格在学习者汉语学习需求上和汉语学习成绩上是否存在差别。研究发现，在学习需求上，"场独立"型和"场依存"型学习者在讲练比例、提问方式、纠错方式的要求、喜欢的学习材料、学习方式、偏爱的教学活动上都存在差别。作者认为，对这些不同需求的了解有助于教师适时调整教学策略。在学习成绩上，学习者在中级阶段的认知风格与学习成绩存在显著相关，而在初级和高级阶段没有发现明显相关，而且认知风格与不同科目的成绩有关，尤其与口语成绩关系密切，但与听力、写作和阅读成绩没有显著相关。

吴勇毅、段伟丽（2016）的研究则是从教师的角度来探讨认知风格。该研究采用的也是问卷调查的研究方法。不同的是，该研究辅以课堂观察和访谈，以定量和定性相结合的方式来考察不同认知风格的汉语教师在课堂教学策略运用上的差异。该研究发现，汉语教师一般会偏爱并选用符合其认知风格的教学策略，比如，"场依存"型汉语教师注重学习者语言的流利性，而且出于鼓励并提高自信的考虑，一般会较少纠错；而"场独立"型汉语教师注重学习者语言的准确性，而且出于提高准确度的考虑，纠错的频率较高。该研究同时也发现教师所采用的课堂教学策略与其认知风格存在不一致的地方，比如"场依存"型汉语教师使用抽象符号、公式和语法术语的频率要高于"场独立"型汉语教师，这不符合"场独立"型汉语教师更倾向于使用图表、流程或公式这一认知风格。该研究是以教师为视角的研究，角度新颖，对教师认知风格的研究与对学习者的研究互相补充，相得益彰。作者认为，汉语教师应该充分发挥自己的认知风格和特点，去建构属于自己的、个性化的教学实践理论与方法，并使其适应施教当地的个体、机构、社会和文化等情境。这一思想很好地体现了当前语言教学逐步向后方法时代过渡的发展趋势（库玛，2014）。

三 汉语作为第二语言的学习者研究进展及展望

近十年来，汉语作为第二语言学习者的研究受到汉语习得领域学者们越来越多的重视，在研究内容和研究方法上均取得了较大的进展。与王建勤 2006 年主编的文集中所收录的同类文章相比，除了学习策略和态度、动机研究的进一步深化外，研究的范围还涉及学习焦虑、学习倦怠等心理因素以及年龄、认知风格等一般个体差异因素，丰富了这一领域的研究内容。在研究方法上，这些研究已经不再仅仅局限于问卷调查，而是多种研究方法相结合，比如将访谈、课堂观察、口语任务等多种个案研究方式进行整合共同来揭示研究结果，显示出该领域在研究方法上的进步。

1. 关于学习者的情感因素研究

十年前学习者情感因素的研究尚缺乏一个比较客观的理论框架（王建勤，2006），而近十年来发表的文章开始融合相关理论进行研究，比如 Gardner 的动机扩展模式（丁安琪，2014），Dörnyei 的动机三层次说（语言层面、学习者层面、学习层面）（李向农、魏敏，2015）。可惜的是，该领域研究的理论基础和问卷往往不能对应一致，问卷结构和内容不能根据相应理论而设置，往往是根据访谈或先导性调查自制问卷，并归纳类型。这样的研究方式确实发现了一些有意义的结论，但大都落于描述性研究的窠臼，不能上升到补充完善甚至于创立新的理论，其解释力缺少一定的普遍意义。也正因为如此，不同的研究之间结果差异很大，比如，丁安琪（2014）总结的动机类型为机遇动机、经验动机、职业发展动机、内在兴趣动机和重要他人影响动机五种，而李向农、魏敏（2015）则归纳为内－外混合型动机、个人发展动机、教师因素动机、社会因素动机、学习情境动机、移民动机和考试动机七种。两项研究结果之间虽有重合，但缺少共同的理论框架，同类研究之间难以比较，后续的研究也难以在已有研究的基础上进一步拓展。

目前语言与情感因素研究的理论视角仍然停留在"结构观"层面，汉语习得领域较少语言与态度和动机等情感因素"建构观"的研究成果。"结构观"将社会心理视为相对固定、客观的外部社会结构范畴，或者是以此为分类基础的主观定位。"建构观"将社会心理视为在社会文化历史情境中，个体与外界互动而发展出来的多元、动态的身份定位及其过程（魏岩军等，2015a）。后一研究思路有助于将语言学习置于一个整体的"人"的生活史、心理发展史中去理解，从而调整语言教育的定位（高一虹等，2008）。因此，态度和动机等情感因素在语言学习中的位置由"结构观"向"建构观"发展是当前这一领域的趋势（魏岩军等，2015a），也是未来研究需要进一步努力的方向。

2. 关于学习者的个体差异一般因素研究

年龄因素始终是第二语言习得的关键因素，其相关研究结果将对国家语言政策与规划具有现实意义。汉语习得研究界已经开始关注该领域的研究（柴省三，2013），希望未来能有更多的研究致力于探讨年龄，尤其是"关键期"前后对第二语言习得研究的影响这一基本问题。除此之外，随着认知神经科学以及磁共振和事件相关电位等实验技术的发展，未来研究应该对语言习得关键期的神经生理机制做进一步探讨。

3. 关于学习者的学习策略研究和认知风格研究

相比上一个十年，学习策略研究继续受到学者们的普遍关注，研究内容渗透到语言知识的各个层面，认知风格方面的研究也开始出现，这些研究丰富了该领域的研究成果。未来的研究首先可以从以下方面向纵深发展，比如学习者对学习策略的意识问题、学习策略的使用与学习成绩的关系、学习策略的个体差异等。其次，仅仅使用调查问卷这一研究方法，解释力是非常有限的，近年来已经开始出现通过访谈、课堂观察和口语任务等研究学习策略的文章，希望未来研究能够在这一方面不断拓展。最后，汉语教师如何依据学习者特定的学习策略和认知风格制定恰当的教学策略，做到因材施教，也应该是未来研究努力的方向。

参考文献

柴省三，2013，《汉语作为第二语言习得的关键期假设研究》，《外语教学与研究》第 5 期。

丁安琪，2014，《来华留学生汉语学习动机强度变化分析》，《语言教学与研究》第 5 期。

符冬梅、易红，2013，《中亚留学生汉语词汇学习策略使用情况调查分析》，《新疆教育学院学报》第 4 期。

高一虹、李玉霞、边永卫，2008，《从结构观到建构观：语言与认同研究综观》，
　　《语言教学与研究》第 1 期。

郭睿，2016，《来华留学生汉语学习效能感与学习倦怠关系研究》，《华文教学
　　与研究》第 2 期。

江晓丽，2015，《美国大学生汉语口语交际难点与应对策略研究》，《世界汉语
　　教学》第 2 期。

库玛，2014，《全球化社会中的语言教师教育："知""析""识""行"和
　　"察"的模块模型》，赵杨、付玲毓译，北京大学出版社。

李向农、魏敏，2015，《来华留学生预科汉语学习动机类型研究》，《教育研究
　　与实验》第 4 期。

刘凤芹，2012，《日本国内大学生汉语学习策略调查分析》，《汉语学习》第 4 期。

王志刚、倪传斌、王际平、姜孟，2004，《外国留学生汉语学习目的研究》，《世界
　　汉语教学》第 3 期。

钱玉莲，2006，《韩国学生中文阅读学习策略调查研究》，《世界汉语教学》第
　　4 期。

王佶旻，2007，《初级阶段留学生个体背景因素与口语测验表现的关系》，《汉
　　语学习》第 5 期。

王建勤主编，2006，《汉语作为第二语言的学习者与汉语认知研究》，商务印书馆。

王建勤主编，2009，《第二语言习得研究》，商务印书馆。

魏岩军、王建勤、魏惠琳、闻亭、李可，2012，《影响美国华裔母语保持的个体
　　及社会心理因素》，《语言教学与研究》第 1 期。

魏岩军、王建勤、朱雯静，2015a，《不同文化背景汉语学习者跨文化认同研
　　究》，《华文教学与研究》第 4 期。

魏岩军、王建勤、朱雯静、闻亭，2015b，《影响汉语学习者跨文化认同的个体
　　及社会心理因素》，《语言文字应用》第 2 期。

吴思娜、刘芳芳，2009，《不同认知风格留学生的汉语课堂学习需求分析》，《语言
　　教学与研究》第 4 期。

吴思娜，2013，《留学生认知风格与汉语学习成绩关系》，《云南师范大学学报》
　　（对外汉语教学与研究版）第 3 期。

吴勇毅，2008，《意大利学生汉语口语学习策略使用的个案研究》，《世界汉语
　　教学》第 4 期。

吴勇毅、段伟丽，2016，《后方法时代的教师研究：不同认知风格的汉语教师在课堂教学策略运用上的差异》，《语言教学与研究》第 2 期。

张晓路，2008，《留学生汉语使用焦虑与归因的相关性研究》，《语言教学与研究》第 2 期。

张延成、徐晓霞，2013，《汉语作为第二语言的停延习得策略——以母语为英语的初中级阶段的汉语学习者为个案》，《云南师范大学学报》（对外汉语教学与研究版）第 1 期。

Review and Prospect of the Learner Research for Chinese as a Second Language in the Recent Decade

Abstract：The studies of second language learners could be classified into four main branches：affective factors，individual differences，learning strategies，and cognitive style，all of which play a significant role on the second language learning proficiency. The learner research has been a rapidly developing research area and more and more researchers concern the issue in the recent decade. The present article first reviews the current status of the learner research for Chinese as a second language，through which we systematically explore the relationship between second language learning and the four influential factors. Identify the previous achievements，we suggest the future direction of the learner research for Chinese as a second language.

Keywords：Second Language Learners；Affective Factors；Individual Differences；Learning Strategies；Cognitive Style

作者简介

魏岩军　北京语言大学对外汉语研究中心助理研究员，文学博士，研究兴趣为汉语作为第二语言的习得研究。[yanjun. wei@ hotmail. com]

王建勤　北京语言大学对外汉语研究中心教授，博士生导师，研究兴趣为汉语作为第二语言的习得研究。

李建成　北京语言大学汉语学院讲师，研究兴趣为汉语作为第二语言的习得研究。

华文教育技术研究

学习分析在对外汉语教与学中的应用前景

北京语言大学对外汉语研究中心　周梦圆

摘　要　学习分析在教育领域的应用是一个值得关注的、新的研究领域。但是，在对外汉语教学界还鲜有相关的研究。本研究对国内311篇以"学习分析"为研究对象的文献进行了标注与分析，在此基础上，立足于对外汉语教学和学习的需求、特点和规律，从教学与学习两个角度分别描述了学习分析的应用前景。我们相信，学习分析将在提高教学质量与实现个性化自主学习方面发挥重要的作用。

关键词　学习分析　对外汉语教学　个性化学习　自主学习

一　引言

随着大数据时代的到来和各种新型教学形式的兴起（比如在线学习、移动学习），教育领域也积累了海量的数据，如何从这些数据中挖掘出有用信息以优化教学与学习成为教育研究者们关注的重点。在这一背景下，"学习分析"应运而生。首届"学习分析和知识国际会议"将学习分析技术定义为"测量、收集、分析和报告有关学生及其学习环境的数据，用以理解和优化学习及其产生的环境的技术"（魏顺平，2013）。自学习分析这一概念提出以来，国内外出现了一批理论与应用研究成果，但在对外汉语教学界，我们尚未发现相关研究。这或许与汉语在线教育相对滞后、缺乏大规模网络汉语学习平台等因素相关，因为收集足够的汉语学习数据是进行学习分析的前提。但是，我们有理由相信，为了扩大汉语教学的规模、降低教学成本和提高教学效率，网络在线学习、移动学习、远程学习等新的学习形式必将获得发展，学习数据的数量和质量也将得到保证，学习分析在对外汉语教与学中将有广阔的应用前景。

二　研究内容与研究方法

利用学习分析促进汉语教学与学习，既要借鉴已有的学习分析研究的成果，又要结合本学科教学与学习的规律。鉴于此，本研究将主要考察以下内容：（1）国内学习分析研究的现状，重点分析研究主题、研究特点及存在的问题；（2）对外汉语教学学科体系内学习分析的应用框架，包括学习分析在教学四大环节中的应用和在个性化自主学习中的应用。

在对国内学习分析研究进行文献调研时，具体实施步骤是：（1）在中国知网中以"学习分析"为篇名进行检索，经过筛选共得到 311 篇文献（2001 年至 2018 年 6 月）①；（2）逐篇对文献进行分析，归纳研究要点，并将其记录在自建的数据表中②；（3）对研究要点进行数据整理，通过分类、聚类等方法得出主题词表，进而对研究现状进行分析；（4）基于汉语教与学的特性，并结合学习分析的可操作性，构拟学习分析的应用框架，并对重要的应用领域进行详细描述与分析。

三　国内学习分析研究现状

从文献数量来看，学习分析研究自 2012 年起以较快的速度增长，2016 年达到峰值；2017 年有所回落，但仍处于较高值；2018 年上半年增速放缓（见图 1）。这说明在一段时期内，学界适应新形势，对学习分析给予了相当

---

① 在 311 篇文献中，308 篇发表于 2012 年及以后，其余 3 篇分别发表于 2001 年、2005 年和 2009 年。这说明，以 2011 年首届"学习分析和知识国际会议"为界，学习分析研究获得了快速发展，但在此之前，相关研究已经开展起来。

② 学界已有数篇关于国内学习分析研究现状的综述性研究，如赵春鱼等（2018）、孙志梅（2018）等。从综述的技术手段上来讲，这些研究均是从知识图谱的角度，采用专门的计量可视化分析工具呈现研究现状，这种方式能够快速、便捷地于大量文献中得出关键词共现网络和研究发展趋势，但是其研究结果的全面性和准确性高度依赖论文作者对关键词的概括和选择，且很可能受期刊对关键词个数的限制，某些要点不会以关键词的形式得以凸显。鉴于此，我们认为在文献数量人力可控的情况下，通过逐篇分析并记录研究要点有利于更加全面、细致地梳理研究现状。

程度的关注，并进行了越来越多的研究；在这一波浪潮之后，研究更加趋于理智、审慎，进入了反思和创新探索、力求突破的阶段。

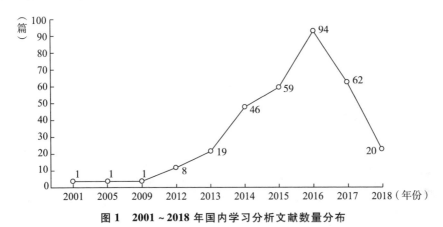

图1 2001～2018年国内学习分析文献数量分布

从文献内容来看，学习分析研究所涉及的主题广泛而全面。在数据整理过程中，我们依据研究要点确定主题词，进而将主题词进行分类与聚类，得出国内学习分析研究主题词表（见表1）。学习分析研究既包括以其自身为研究对象的基础研究，也包括面向教学与学习的应用研究。无论是基础研究还是应用研究，都涵盖了丰富的主题内容；无论是面向教学的应用研究还是面向学习的应用研究，都涉及教学与学习的各个环节、各个方面。在文献调研过程中，我们还发现，学习分析研究另一个较为突出的特点是，从研究趋势上来看，它正经历由引入国外研究成果①到吸收、创造，由重视理论探讨到理论与实践相结合、更加重视实践的转变。但是，学习分析研究也存在研究内容泛化、缺乏深度；应用研究不能结合学科特点、缺乏针对性；应用研究成果鲜能直接为教学与学习所用，从而使学习分析的应用价值大打折扣等问题。

---

① 高霏霏（2018）利用CiteSpace考察了2012～2016年国外学习分析的研究状况，得出了重要关键词聚类、研究关注点和关键词分布情况等数据。2012～2016年，国内学习分析研究发展迅速，与国外研究在趋势上呈现出较强的一致性。而进一步将本研究所得主题词表与高霏霏（2018）的研究结果进行对比，国内、国外研究内容的一致性也可以得到较好的印证。

表 1　国内学习分析研究主题词

研究领域		主题词
基础研究		学习分析内涵；学习分析意义；学习分析内容；学习分析关键技术；学习分析方法；学习分析工具；学习分析平台；学习分析过程；学习分析模式；学习分析模型；学习分析框架；学习分析系统；学习分析促学机制；学习分析促学理据
应用研究	教学研究	教学设计；教学模式；教学过程；教学行为；教学策略；教学反馈；教学评价；教学资源；教学平台；教学管理；教学决策；远程教学
	学习研究	学习内容；学习者；学习过程；学习行为；学习模式；学习预测；学习干预；学习资源；学习评价；在线学习；个性化学习；自主学习；智慧学习；自适应学习；学习平台；学习系统；学习环境；学习风格
	其他	问题与挑战

注：主题词的排列在一定程度上依据研究内容间的逻辑层次和顺序，处于并列关系或层次、顺序不易区分的研究内容则暂不讲究排列顺序。

　　表 1 显示，应用研究是学习分析研究的重中之重，且教学和学习两方面不可偏废，在新的教育理念和教育技术条件下，对学习（尤其是个性化的自主学习）的强调更甚。国内学习分析研究呈现的这些特点和趋势与语言教学的实用主义导向和"以学习者为中心"的原则高度契合。就语言教学与学习而言，学习分析研究才刚刚起步，仅有 3 篇文献（甘容辉等，2016；梁炯霞，2017；吴亚萍，2017），且都是面向英语教学的。这些研究对学习分析在语言教学中的应用进行了探索，但仍存在与学科特点结合不紧密、研究内容分散且缺乏统一的学习分析应用框架等问题。因此，本研究以已有的学习分析研究为参考，基于对外汉语学科特点，从教与学两方面构建本学科学习分析应用框架，并对各应用领域进行说明。

四　学习分析在对外汉语教学中的应用

　　已有的学习分析的应用研究非常关注教师的"教"这一维度，其所涉及的教学研究的重点无外乎教学设计、教学开发、教学实施、教学管理、教学评估五大方面[①]。而在对外汉语教学界，早在 20 世纪 80 年代，吕必松

---

① 表 1 中教学研究的所有主题，基本都可以被概括进去。且这五大方面与美国教育传播与技术学会 1994 年关于"教育技术"的定义高度一致：教育技术是对学习过程和学习资源进行设计、开发、运用、管理和评估的理论与实践。

先生（1992）便提出对外汉语教学有四大环节，即总体设计、教材编写、课堂教学和测试。对外汉语教学四大环节的提出对汉语教学和教学研究产生了深远的影响，虽然随着人们认识的发展和技术的革新，各个环节及其实现路径被赋予新的特点，但其对教学系统的划分无论在理论上还是实践上仍具有很强的指导意义。因此，我们将分别探讨在四大环节中应用学习分析的可能性。

4.1 学习分析在总体设计中的应用

总体设计是从宏观的角度对教学的全过程和各方面进行综合的考虑，进而制定出相应的方案，它是整个对外汉语教学的前提和基础。吕必松（1986）从教学对象、培养目标、教学要求、教学内容、教学途径、教学法原则等方面进行了论述。随着技术的发展，若我们跳出经验式、内省式的研究方法，用量化分析的方法从上述角度重新进行审视，将会使总体设计更为科学、有针对性。

首先，通过学习分析，我们可以大规模地收集、分析有汉语学习意向或者正在学习汉语的学习者的年龄、文化程度、汉语水平、母语、学习目的、学习方式等数据，建立不同类型的教学对象的模型，以增加对潜在的或实际的教学对象的了解。其次，结合不同类型教学对象的普遍特征，构拟出培养目标、教学要求、教学内容、教学途径、教学法原则的宏观维度、总体规划。再次，针对有突出特点且学习者众多的教学对象群体，在总体设计框架的基础上，根据数据分析对各方面进行调整，实现总体设计的适切性，从而拟定最佳的教学方案。比如，美国本土汉语教学的总体设计与中国对各国来华留学生汉语教学的总体设计应该是有区别的，对不同国别学习者的总体设计或许也要进行相关调整，对在线学习者的总体设计可能也需要在第二个步骤中确定的宏观框架的基础上有所改变。实际上，总体设计也是一个不断发展的过程，需要经受教学实践的检验。在具体教学实践中，我们会不断获得针对总体设计的反馈性数据，这也能为学界调整整体设计提供参考。

4.2 学习分析在教材建设与使用中的应用

教材，顾名思义就是教学材料，对教材的理解有狭义和广义之分。狭义的教材专指根据大纲和教学需要，为师生编写的教科书；广义的教材是指课堂和课外有利于学习者知识增长或技能发展的所有材料。我们认为在现代技术条件下，教材应该取广义的理解，不仅包括教科书，还包括教师根据教学需要、学习需求自编或自选的材料，尤其应该把支持在线学习、移动学习和泛在学习的各种网络资源、数字化资源纳入教材的范畴。当然，这些资源的科学性、规范性还有待甄别和提高。

目前的汉语教学主要以教科书为蓝本，但是教科书本身还存在很多问题，比如课文缺乏交际价值，内容过于陈旧或过于强调传统文化，缺乏时代气息（李泉，2007），教材话题对学习者的关注不够（朱志平等，2008），等等。这些问题往往会打击学习者的积极性、主动性，使其失去学习兴趣。究其原因，从根本上说是因为编写者对学习者的需求不够了解。学习分析为我们全面、有效且即时地把握学习需求，并在需求分析的基础上改变教材现状提供了契机。已有的学习分析相关文献大多谈到其在优化学习资源方面的作用（高键等，2013；吴永和等，2014；吴婧等，2015），具体来说就是通过分析学习者在各个资源平台访问资源的情况来确定学习者的兴趣与需求，并进一步实现资源的个性化推送。

我们认为，要分析学习者对教材的需求，既要从集中式环境中收集资源访问数据（如在线学习平台、学习资源管理平台等），又要从各分布式环境中收集数据（如网站、社交平台等），这样才能全面跟踪学习需求和兴趣。我们可以通过数据分析，找到学生感兴趣的话题、关注的社会热点信息、亟须学习的交际项目（如网购、订外卖等）、汉语学习的难点、偏好的媒体形式、使用学习资源的习惯等，进而从以下方面提高教材的质量和教材使用的质量：（1）调整现有的教科书，加强其针对性、实用性和趣味性；（2）科学合理地选取、推荐网络数字化教学资源，以补充教科书的不足，增强教学材料的时效性、实用性和多样性；（3）根据学习需求逐步进行汉语教学资源库的建设，包括各种媒体形式、各种模态的资源，满足多样化的教学需求，为教师开展教学活动提供便利。

4.3 学习分析在教学中的应用

随着技术条件的变化，当前的教学组织形式不仅包括传统意义上面对面的课堂教学，还包括各种新兴教学形式，如混合式教学、在线教学、远程教学等。因此，我们应该用更广阔的视角去理解对外汉语教学四大环节之中的课堂教学，或者说根据时代的发展去调整四大环节的内涵与外延。在教学中使用学习分析自然是为了帮助教师改进教学，那么，学习分析如何帮助教师改进教学？我们可以从两个角度来分析：（1）指导教师优化教学资源、教学过程、教学方法和教学环境，切实提高教学的质量；（2）帮助教师向学习者提供有针对性的学习支持和服务，促进学生的汉语学习。

一方面，学习分析通过实时反馈并可视化地呈现学习过程信息与学习结果信息，帮助教师及时反思自己的教学行为和教学效果。其中，学习过程信息包括很多方面，比如学习者访问学习资源的频率、时长、偏好；学习者先学习哪些内容，后学习哪些内容，也就是学习的顺序和路径；学习者参与教学互动的情况；学习者在哪部分内容的学习上遇到困难，容易出现偏误；等等。通过分析这些数据，教师可以进行如下操作：（1）向学习者提供更多有效的学习资源；（2）按照学习者的学习路径和顺序去调整教学内容的顺序和施教过程；（3）综合学习者的互动网络和互动情况、学习结果等因素对学习者进行有效的分组，并在此基础上开展教学活动；（4）适时调整教学进度，对学习难点进行针对性教学和练习，降低偏误率；等等。通过以上努力，教师将创造出一个良好的教学环境，提高教学效果。

另一方面，学习分析可以帮助教师对学习进行预测和干预。李艳燕等（2012）指出，预测主要包括学习路径预测和学习风险预测。路径预测有助于教师为学生提供适当的学习资源，风险预测可以使教师更多地关注风险学生，有针对性地分析风险学生的学习情况、学习行为和习惯，制定有效的干预计划。教师的干预集中体现在为学习者（可能是指某个学习者群体，也可能仅针对有学习风险的个体）提供学习支持和服务，这种支持和服务不仅体现在干预学习资源的使用、告知有效的学习方法、推荐合适的学习路径、推荐合适的交互伙伴等方面，还体现在在情感态度上对学习者进行心理疏导，从而减少学习的焦虑感，提高学习兴趣和信心方面。当然，对学习者情感态度的准确把握还有赖于相关技术的发展，只有在技术允许的条件下，我们才能更好地收集能体现情感态度的生物数据，比如心跳、眼动、血液流动的情况等。

4.4 学习分析在测试评估中的应用

汉语课堂教学的测试评估方式经历了一个由终结性评估到形成性评估

的转变过程。在终结性评估时期，期末考试的成绩就代表了学生的学业表现，甚至与其语言水平画上等号。随着教学实践的深入，人们开始意识到终结性评估的缺陷，便开始倡导进行过程性评估并设置了一些评估指标，比如出勤率、平时的听写成绩、单元测试成绩、期中成绩、期末成绩、参与课堂活动的情况、作业完成情况等。有很多教学单位还设置了各项评估指标在总的学业表现中的比率，比如期末成绩占总成绩的40%。事实是，即便如此，教师在实际评估时还是会在很大程度上依赖于主观判断，也就是说学习评估依然缺乏精确的量化标准，这在很大程度上与教师收集、处理学习表现数据的局限性有关。因此，我们可以充分利用学习分析在收集、处理、分析、报告数据方面的优势，对学习者的出勤、发言、资源访问度、活动参与度、测试成绩、同伴协作能力、学习策略、学习态度、作业完成度等进行精准的量化，真正地实现形成性评估。

五　学习分析在对外汉语学习中的应用

李青、王涛（2012）指出，学习分析的直接服务对象便是教师和学生。已有的学习分析的应用研究也非常关注，甚至更为关注学习者的"学"这一维度，因为一切有效的教学和学习都必须以学习研究为支撑，只有明确了学什么、怎么学，才能知道教什么、怎么教。为了行文的方便，我们常将教学和学习视作不同的维度进行讨论，实际上教学和学习系统总在不断地进行着信息和能量的交换，不能截然分开。纯粹的自学是很少的，即便在自学条件下，也存在学习与教学的交互，不过此时教学系统是隐性地发挥作用。比如，学习者访问汉语学习网站进行自学，网页内容的设计也体现了相应的教学思想。因此，学习分析在对外汉语学习中的应用与上文所说的其在教学中的应用的各方面是贯通的[①]，在此我们不再重复论述。

对教师与学习者地位的认识，对外汉语教学界经历了"以教师为中心"到"以学生为中心"的转变。学习分析的出现又把学习者的中心地位提升

---

① 具体来说就是，学习分析在总体设计、教材建设与使用、教学实施、测试评估中的应用与其在学习设计、学习资源建设与使用、学习过程指导、学习绩效评估等方面是相通的。

到前所未有的高度。此外，随着技术的发展、教育资源的普及和社会对终身学习的倡导，各种自主学习形式得到发展，除了"以教促学"，人们还越来越关注"以学促学"，自主学习的能力倍显重要。自主学习是个体在与学习资源、学习环境不断互动的过程中实现的，必然具有个性化的特点，因而"个性化"顺理成章地成了自主学习的题中应有之义。在这一形势下，我们来重点讨论学习分析在个性化自主学习中的应用。

5.1　基于学习分析构建汉语自适应学习系统

个性化自主学习需要有良好的学习资源和学习环境进行支撑，自适应学习系统的开发便能为学习者提供个性化的学习资源并创建智能的、适应性的、人性化的学习环境。何克抗（2016）指出，个性化自适应学习系统能够自动诊断学习者能力，在此基础上为不同类型学习者推荐最适合的个性化学习内容及路径，从而真正做到为学习者提供个性化学习服务。那么，如何构建自适应学习系统？它与学习分析有什么关系？我们认为，要实现系统自动诊断学习者能力、推荐学习内容和路径的功能，必须先建立相关的学习者模型和与其对应的学习过程模型，而模型的建立需要数据的支持，我们需要去收集、测量、分析并报告学习者的特征数据和各种行为数据，并在此基础上开展深入的习得研究。由此可见，自适应学习系统是以学习分析为基础的。

朱珂、刘清堂（2013）讨论了自适应学习系统的组成模块和功能，组成模块包括学习内容、学习者学习状态数据库、预测引擎、信息面板、自适应引擎和干预引擎六个部分。其中，内容模块能为学生提供个性化的学习内容和测试；学习状态数据库储存着各种学习行为；预测引擎综合学生信息数据和学习行为数据，跟踪学习进展，预测学业状况；信息面板能为用户提供信息呈现服务；自适应引擎根据预测结果来控制内容的分发，并依据学习进度和兴趣发送相关内容（我们认为一个好的自适应引擎还应该推送相关的学习策略、学习建议）；干预引擎主要用于人工调整自适应系统。这样一个自适应学习系统将对汉语自主学习大有裨益。具体来说，学生进入系统后，系统会分配学习任务，通过后台记录并分析学生完成任务的行为数据以及学生的一些基本信息数据，判定学生的初始能力；然后，系统会根据学习者模型和学习过程模型自动运算出学生初始能力与下一个目标能力的差距，根据能力差距来推送相应的学习资源、学习方案，甚至适时地给出学习建议，确保学习者能沿着预设的路径前进。

5.2　基于学习分析构建汉语自适应测试系统

在自主学习环境中，由于缺乏教师的诊断、反馈和评估，学习者的自我评估显得非常重要，这会影响学习者对自我能力和学习表现的准确定位，从而影响下一步学习的效果。计算机自适应测试系统将为学习者进行自我测试和评估提供有力的支持。自适应测试系统需要学习者能力模型和测试题库的支撑，而学习者能力模型的构建也是基于学习分析的，因此将学习分析用于汉语自适应测试系统的构建也大有可为。

在自适应测试系统中，系统按学习者的特点、答题情况进行选题，一步一步地直至较精确地估计出被试的能力。此外，自适应测试系统的优点还体现在以下方面。（1）学习者不受时空限制，可以任选时间、地点进行自我评估，这非常适合成人自主学习者。（2）可以采用多媒体技术，创设生动、形象的情景。我们认为，这一特点对于语言测试尤其适用，因为言语交际总是发生在一定的情景中，在情景中测试能够减少非语言的因素给学习者带来的认知负荷，使其专注于语言表达，这样更能准确地测试出被试的语言水平。（3）学习者可以即时地知道测试结果，并根据测试结果进行自我反思，制定下一步学习计划。我们认为，更为完美的自适应测试系统还能提供一些有针对性的反馈和学习建议。

5.3　基于学习分析构建汉语智慧学习环境

黄怀荣等（2012）指出，智慧学习环境是一种能感知学习情景、识别学习者特征、提供合适的学习资源与便利的互动工具、自动记录学习过程和评测学习成果，以促进学习者有效学习的学习场所或活动空间。从其定义我们可以看出，智慧学习环境的构建也要以学习分析为基础，要分析相关的学习者特征数据、学习资源数据、学习互动数据、学习行为与过程数据等。

在汉语智慧学习环境中，学习者可以轻松地获得符合自己语言水平、认知风格、兴趣和偏好的学习内容；可以找到与自己年龄、性格特点、语言水平、学习进度、学习兴趣相似的学习同伴，并与同伴一起进行言语交际；可以被告知自己哪方面的语言知识掌握得不好，哪种语言技能还需要加强训练，并被匹配到相关领域的专家型教师，由教师提供有针对性的点拨和辅导；可以找到目的语使用者，体验真实的语言交际；等等。

六 结语

受汉语教学研究水平、教学技术、人们对汉语在线教育的认识以及汉语在线教育规模的限制，现阶段收集能为学习分析所用的学习者数据和学习行为数据还存在一定困难。但是，我们相信，随着汉语教学理念、教育技术、教育形式的发展，一定会出现大规模的在线学习平台、教学管理平台、汉语移动学习平台、社交平台为我们所用。在可以预见的未来，学习分析将在优化汉语教与学方面发挥重要的作用。

参考文献

甘容辉、何高大，2016，《大数据时代学习分析与外语教学研究展望》，《外语电化教学》第 3 期。

高键、张海、王以宁，2013，《教育中的大数据如何改变学习？——极具潜力的学习分析技术领域新进展》，《中国信息技术教育》第 Z1 期。

高霏霏，2018，《学习分析支持下的图书馆嵌入式服务研究》，《新世纪图书馆》第 4 期。

何克抗，2016，《"学习分析技术"在我国的新发展》，《电化教育研究》第 7 期。

黄怀荣、杨俊锋、胡永斌，2012，《从数字学习环境到智慧学习环境——学习环境的变革与趋势》，《开放教育研究》第 1 期。

李青、王涛，2012，《学习分析技术研究与应用现状述评》，《中国电化教育》第 8 期。

李泉，2007，《论对外汉语教材的实用性》，《语言教学与研究》第 3 期。

李艳燕、马韶茜、黄怀荣，2012，《学习分析技术：服务学习过程设计和优化》，《开放教育研究》第 5 期。

梁炯霞，2017，《大学英语听说翻转课堂可视化学习分析系统设计》，《兰州教育学院学报》第 2 期。

吕必松，1986，《试论对外汉语教学的总体设计》，《语言教学与研究》第 4 期。

吕必松，1992，《对外汉语教学概论（讲义）》，《世界汉语教学》第 2 期。

孙志梅，2018，《大数据环境下的学习分析的研究综述——基于国内期刊数据库论文的分析》，《信息通信》第 5 期。

魏顺平，2013，《学习分析技术：挖掘大数据时代下教育数据的价值》，《现代教育技术》第 2 期。

吴婧、杨福华、何彦彬，2015，《基于学习分析技术的融合式教学模式初探》，《中国教育技术装备》第 2 期。

吴亚萍，2017，《大数据环境下学习分析技术在小学英语教学中的应用》，《中小学信息技术教育》第 9 期。

吴永和、曹盼、邢万里、马晓玲，2014，《学习分析技术的发展和挑战——第四届学习分析与知识国际会议评析》，《开放教育研究》第 6 期。

赵春鱼、刘培峰，2018，《国内学习分析技术研究的热点领域与演化路径分析——基于科学知识图谱视角》，《浙江理工大学学报》（社会科学版）第 1 期。

朱珂、刘清堂，2013，《基于"学习分析"技术的学习平台开发与应用研究》，《中国电化教育》第 9 期。

朱志平、江丽莉、马思宇，2008，《1998～2008 十年对外汉语教材述评》，《北京师范大学学报》第 5 期。

The Prospects of Applying Learning Analytics in Teaching and Learning Chinese as a Second Language

Abstract：The application of learning analytics（LA）in the field of education is a new research area which is worthy of attention. However，there is little research in the field of teaching Chinese as a second language. This study reviews 311 Chinese papers with "learning analytics" as the research subject. Consequently，the paper presents the prospects of applying learning analytics in teaching and learning Chinese as a second language to meet the needs，characteristics and laws of teaching and learning Chinese for foreigners. It is believed that learning analytics will play an important role in improving the quality of Chinese teaching and achieving personalized and independent learning.

Keywords：Learning Analytics；Teaching and Learning Chinese as a Foreign Language；Personalized Learning；Independent Learning

作者简介

周梦圆　北京语言大学对外汉语研究中心博士生，研究兴趣为汉语作为第二语言的教育技术研究。[zmy6637000@ qq. com]

思维导图在对外汉语汉字复习课中的应用探析

华侨大学华文学院　益　超

摘　要　在对外汉语教学中，汉字教学薄弱已久，汉字教学方法亟待更新。在新型教学模式中，思维可视化技术得到越来越多的应用。思维导图作为思维可视化有效手段之一，可以有效改善教学质量，提高学生学习效率。鉴于此，本文尝试将思维导图引入对外汉语的汉字教学中，分析其应用于汉字教学的理论基础，重点探析其在汉字复习课中可视化设计的基本策略和教学应用。

关键词　思维可视化　汉字教学　思维导图　可视化设计

一　引言

在汉语作为第二语言的学习中，汉字教学是对外汉语教学界公认的难点，也是汉语学习者最头疼的地方。造成这种现象的主要原因，一是汉字的特点，其读音和意义都来自语言单位，两者之间关系紧密；二是汉语教师的汉字教学方法单一、教学水平有待提高。识记和书写是汉字学习中的两项重要目标。20 世纪 60 年代北京语言学院确定的"语文并进"的教学原则，没有充分考虑到汉字本身的特点和规律，基本上以词汇教学取代了汉字教学，汉字教学效果不佳。

江新（2007）通过实验发现"认写分流、多认少写"模式相比于"认写同步"模式更有利于学习者识字和写字。笔者也认为"认写分流"模式更加符合汉字的认知规律，认读先于书写，二语学习者的大脑更容易接受汉字信息。但在实践中如何做到"多认"汉字，怎样做到"多认少写"，这方面的研究并不多。陈勇（2016）尝试将英语二语教学中的"学伴用随"

原理引入对外汉字教学，并验证了该方法可以使绝大部分留学生识字量成倍增加。此外，还有汉字图表教学法（王学作，1980）、"字族理论"教学法（陈曦，2001）、偏旁教学法（李大遂，2002）、字感教学法（黄金城，2014）、汉字部件教学法（李华，2017）等汉字教学法，这些大都遵循汉字的规律和理据性，虽然可以从一定程度上帮助学习者识记汉字，但并没有引导学生进行深层次的结构化思考、辩证思考。

近几年，随着思维可视化（thinking visualize）技术的不断发展，其应用在各领域越来越广泛。思维可视化是指通过视觉表征手段将思维路径、方式以及整个思维状态进行外化，其实质是思维的视觉表征，可视化的"思维"更有利于理解和记忆。在教育领域，"思维可视化教学"开辟了教学的新篇章。思维导图（the mind map）作为可视化思维工具之一，已广泛应用在西方各国的学科教学实践中。思维导图自20世纪80年代传入我国以来，在国内中小学的学科教学中已有大量应用并取得了良好的教学效果。笔者在中国知网上查找到以"思维导图"为篇名的论文有一千多篇，但以"思维导图"、"对外汉语"和"汉字教学"为关键词搜索到的论文仅见汪秦君（2013）、赵迎迎（2013）。思维导图是一种非常有用的图形技术，也是学习和记忆的好工具。鉴于此，本文尝试将思维导图引入对外汉语的汉字教学中，分析其应用于汉字教学的理论基础，重点探析其在汉字复习课中可视化设计的基本策略和教学应用。

二 运用思维导图辅助汉字教学的理论基础

思维导图，简言之，是应用于学习、记忆、思考等的人脑思维的"地图"，它是东尼·博赞（Tony Buzan）在大学期间发明的一种快速提高记忆力和记笔记的方法。导图在绘制过程中采用图画、颜色和编码等形式，能够对学习者的大脑产生强烈的视觉冲击，开拓汉语学习者的意识思维。汉字具有集形象、声音和辞义三者于一体的特性，其显著特点是字形和字义的联系非常密切，具有明显的直观性和表意性。汉字的这些特点极大地扩展了发散性思维的想象空间，这也为进一步绘制汉字学习的思维导图提供了依据。此外，导图的展示也不是简单的线条性的，而是有规律、有逻辑的网状图。如果我们尝试在教学过程中运用思维导图，则不仅可以提高学习者汉字识记能力，加强学习者对汉字的整体认知，还能进一步建立学习者头脑中的汉字知识网络图。

本文主要引用以下三种主要的思维导图理论。

（1）认知心理学与思维导图。认知学习理论认为学习是顿悟和理解的过程，是学习者对客观事物在大脑中进行完形构造形成认知结构的主动、积极的过程（刘珣，2010）。奥苏贝尔的有意义学习理论则强调"先行组织者"原则，在教授新知识之前，先给学生介绍一些他们比较熟悉的，同时又具有高度概括性的包含了新学习材料的关键内容。这些旧知识就是新内容的先行组织者。思维导图的绘制是由一个节点再分支出另外的枝杈，前一个节点的内容就是已经熟知的概念，延伸的是新知识，将新旧知识建立起一定的联系，形成一张可视化的网状图，这张图也是学习者对新知识学习的理解和记忆过程。例如在汉字部件教学中，以"心"为主题，可以联想到"忘""思""必"等含有部件"心"的字，同时启发学生联想到其变体"忄"，回忆学过的汉字如"情""怕""忆"等。

（2）建构主义与思维导图。建构主义认为学习不是像行为主义所讲的"刺激—反应"的过程，学习是意义的获得，是每个学习者对自己原有的知识的重新认识的编写，是重新构建原有的理解。在汉语学习过程中，学习者最开始学的都是笔画、部件少的基本汉字，随后当学到新的知识或汉字时，大脑会不断地将新内容嵌入已经学过的相关联的概念结构之中，在这一过程中，学习者原有的知识经验发生了调整和变化。如学习者在学习新部件"氵"时，可以联想学过的"氵"部件。"氵"是和"水"有关的，如"滑""池""泞"等；进一步请学生思考"氵"和什么有关，含有该部件的字有哪些，"氵"和"氵"部件又有什么样的联系与区别。

（3）知识可视化与思维导图。知识的可视化就是通过视觉表征手段，将原本复杂枯燥的知识以结构化的图形等形式表达出来，以达到使信息更加准确、传播更有效的目的。而思维导图善于运用多种信息，如符号、颜色、图像、文字等，以图文并茂的方式表达并传递信息，充分调动左右脑参与信息加工，对提高人类理解、记忆、创新能力具有重要意义（罗辉，2011）。学习者经过一段时间的汉字学习，能自主根据汉字符号体系的结构特点梳理总结汉字，这样既有利于学习者从认识个体到认识群体，又能帮助学习者对汉字符号体系、汉字与汉语的关系有初步的总体把握。从此汉字在学习者脑海中不再是一盘散沙，而是有关联、有着明确结构特点的符号体系，具有可视化特点的思维导图正是把这一幅幅脑海中的图展示出来。

在日常教学中教师发现，很多学习者经过一段时间的学习后，感觉自己已经掌握了很多的字词，但每次又会觉得自己知道的还是太少。尽管每天都在学习新知识，但他们很少会像编词典那样把已经学过的字词归类整理，有归类意识的学习者会进一步思考应该按照什么样的顺序整理才能让自己更容易理解和记忆。如果教师能够指引学生进行汉字的整理总结，则不仅可以引导他们认识汉字的规律和相互之间的联系，而且可以完善学习者心理字词典的网络结构，引导学生进入主动学习的新阶段。

三 运用思维导图进行汉字复习课可视化设计的基本策略

教育学与心理学的研究表明，可视化学习——通过直观图将思维过程显化，借助直观图鉴别各种信息，有利于学生掌握学习方法、学会思考问题。冯冬梅（2016）的问卷调查中显示62.9%的学生在上课时做笔记仍然是抄写老师的板书内容，在经过一段时间的思维导图教学后，72%的学生希望将来教师把思维导图运用于教学中，也有68.8%的学生希望在复习课上使用思维导图。思维导图可以帮助学习者放松大脑，释放视觉皮层的巨大力量，在创建思维导图联想"树"的过程中，记忆力是以激发的方法运行的，通过这些联结，记忆力就从一个字词扩展到其他的相关联的字词（东尼·博赞等，2017）。

根据思维导图和汉字的特点，汉字复习的可视化教学设计可分为以下不同的策略。

（1）汉字部件重组复习策略。汉字部件规范对部件教学的启示是归类与组合。汉字复习课中，部件拆分的目的是分析和讲解汉字，李华（2017）认为要把部件看成汉字组合的"零件"，部件合理拆分后再进行巧妙的组合，从而加深学生对汉字字形、字义的识记。在部件拆分时没必要拆到最小部件，例如"述"的部件"术"就没必要再拆分。教师只需把整字切分，打乱顺序，让学生自己组合，然后再按照合体字的组合方式进行归纳，再进行组词或造句等扩展（万业鑫，2014）。例如《汉语阅读教程（第一册)》第三课的汉字有"现、借、时、锻、课、树、常、早、笔、过、问、远、句、国、森"等。部件组字后，让学生观察这些汉字的组合方式，再归类到思维导图中，相同组合方式的字在同一个分支上。在这个过程中我们发现，有的汉字学生虽然可以组合写出来，但是并不是很熟悉或一下子想不起来，为了达到对汉字音形义的整体认知，须让学生把写对的汉字进行组词或造句，这样既检查了他们对汉字的构形认识，又检查了他们的理解认知过程。

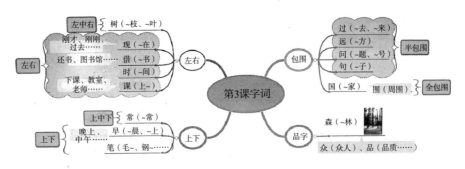

图 1　第 3 课汉字复习思维导图实例

（2）汉字组词再归类复习策略。汉语中有一些组词能力比较强的字，例如"子""阿""老""好"等。汉字组词复习时可以选择这类字，进行归类复习。例如"_____子"，学生能想到很多词，教师引导学生进行分组联想，先把词一一写在纸上，然后填写在提前设计好的思维导图框架中或让学生自己设计思维导图。所整理归类的字词都是学生已经学过的，只是分散在不同的课文和主题里。例如"孩子""儿子""脑子""桌子""杯子""饺子""帽子""鞋子""袜子"等，这些词有的与饮食有关，有的与穿戴有关，等等。复习和穿戴相关的词语时，学生只要从头到脚把有关穿戴的词语说出来就可以了。用字组词的复习不仅是对课本所学字词的总体回顾，还是对学生头脑中"记忆词典"的深度挖掘。不仅如此，有些善于观察的同学还会注意到"子"的位置，归纳"子"的功能。这样的设计加深了学生对汉字形音义的整体认知。简单绘制如图 2 所示。

（3）形声字形旁声旁归类、比较策略。汉语形声字结构中以左形右声组合的数量最多，学生很容易形成较深的印象，以为形声字都是左形右声结构。因此在复习时，教师要注意给学生的汉字尽可能地涵盖不同结构，根据学生现有的水平，将已学过的字根据形旁和声旁分别归类来帮助学生

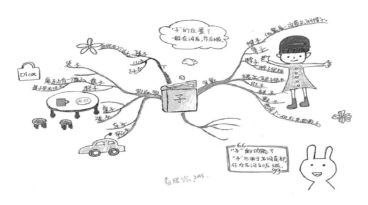

图 2 "子"组词的思维导图手绘实例

复习。形旁和声旁的练习设计基本一致：首先给出形旁，请学生回忆并写出有关的汉字；然后给出声旁，请同学回忆并写出有关的汉字。形旁练习时，写出汉字并组词；声旁练习时，写出汉字并标注拼音，再组词。通过标音学生可以总结具有相同声旁的形声字的读音有什么特点、有几种变化的可能等。例如"把"，从部件组合看是左右结构的；从部件"扌"看，它和手有关系；从形声字角度看，"巴"是其声旁，声旁是"巴"的汉字还有"爸""吧"等；从形近字联想角度看，学过的含部件"扌"的汉字还有"抓""打""扫"等。在归纳到思维导图中时，对于部首用字和形旁的形体不完全一致，后者是前者的变体的情况，手绘导图时可以用不同颜色的笔标记出来（如"水"和"氵"、"心"和"忄"、"手"和"扌"等）。如图 3 "把"字复习，除了字词层面的复习，还有语法层面的复习。

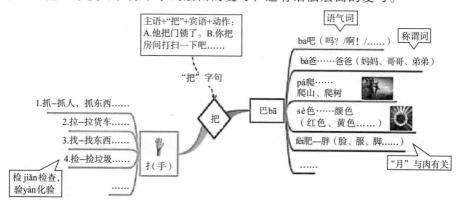

图 3 "把"字的复习思维导图实例

（4）汉字与中华文化相结合的联想策略。汉字作为中华文化的载体，具有深厚的文化内涵，汉字教学与文化传播有着密切联系。汉字是一种表意体系的文字，独特的方块结构就是一幅幅图画，从汉字的构造中可以看出中国人的思维方式和生活方式。利用构件字形拼合的方式构字是有理据的，如"日月－明、大小－尖、田力－男"（张朋朋，2007）。因此，在进一步完善思维导图时适当地加入形象的图片，不仅增加了美感，还达到了"一图胜千言"的效果。如"休"字复习导图（见图4），很多同学不理解"休"为什么有"休息"的含义，这可以用一个人（"亻"）在树（"木"）旁依靠着休息的照片来解释，古代人休息乘凉时就常常在大树底下，久而久之就有了"休"。学生在复习时，通过看图片和想象就了解了字的意义，既能锻炼右脑又能轻松地记住字形、字义，可谓一举两得。

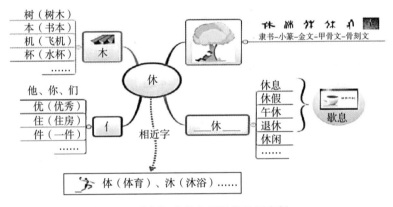

图4 "休"字的复习思维导图实例

此外，汉字同声字符（如"青、请、情、清、晴、婧"）、同义字符（如"早、晨、时、旦"）、形近比较（如"万－方、巴－色"）等都可以进行汉字归类、分组式横向比较（李润生，2017）。除了以某一汉字为中心的复习，教师还可以对一个单元或整本书的汉字进行整理，绘制更全面的导图。绘制导图时教师引导学生运用比较思维、归纳思维、发散性思维等，从汉字的音、形、义等方面提高汉字复现率，深化汉字教学。

汉字教学不是孤立的，学习汉字是为了更好地学习汉语的词汇、语法，能够进行汉语阅读和写作等。因此，在汉字复习课上除了汉字的识记和书写，还要充分利用汉字的特点以及汉字与汉语之间的关系，让汉字在音义认知中发挥积极作用，形成汉字学习与汉语学习相互促进的良好局面。

四 思维导图工具在汉字复习课中的应用

思维导图既可以用手绘也可以用软件绘制。使用计算机绘制的思维导图也很有特色，我们日常办公用的 WPS 演示、WPS 文字等工具都可以绘制思维导图。此外还有许多专门的思维导图绘制软件，单机版的如 MindManager、IMindMap、XMind、Team Thinker 等，在线版的如 ProcessOn、MIND-PIN 等。

在汉字复习课中，为了强化学习者汉字的书写能力，我们主张采用手绘的方式制作思维导图。留学生的汉字书写水平有限，在绘制导图时汉字书写可能会出现一些错误，也会有一些语法不规范和语句不通顺的问题，但这些都是留学生汉语水平的真实反映（冯冬梅，2017）。手绘思维导图需要的材料有白纸（一般是 A4 纸）、各种颜色的笔（如水彩笔、彩色铅笔），并保证至少 20 分钟不受干扰（谢华，2014）。汉字教学和其他教学存在一致性，大体可以将教学步骤分为导入、展开和总结三步。表 1 是根据惯用模式引出利用思维导图进行教学的一般模式。

表 1 思维导图授课模式

学习阶段	学习要素
导入	（1）建立引导和学习气氛 （2）复习 （3）学习目标提示
展开	（1）思维导图学习法的应用计划 （2）思维导图的应用和相关活动 （3）学习内容的确认和补充 （4）讨论
总结	（1）对思维导图的欠缺部分进行学习 （2）实施检查、测试 （3）总结讲课的内容 （4）下课

资料来源：李满月，2011。

思维导图的绘制体现出一种放射性的思维模式。汉字复习课中导图绘制步骤为：（1）先确定"中心词"，分析知识点，整理框架和逻辑，绘制第一层关键词或语块；（2）利用知识点之间的关系确定第二层的关键词，同时添加线条、箭头或分支等进行绘制，并以此类推绘制第三层等；（3）浏览课本，对知识点进行查缺补漏，并进一步涂色、美化；（4）小组讨论、教师点评并总结。

在思维导图绘制的初期，教师应注意以下几点原则。

第一，教师要积极引导学生学会分析知识点，理清知识点的类别、关联，确定主题，以便学生在绘制时突出重点和层次。

第二，教师应根据教学需要给学生提供导图模板，并引领学生根据知识内容选择恰当的模板，例如 XMind 软件中提供的模板除了思维导图外，还有平衡图、组织结构图、逻辑图等，这些并非真正意义上的思维导图（赵国庆等，2004）。众多的模板中，有的适合分析课文、组织人物关系，有的适合组织复习字词等。教师要充分考虑课堂知识内容，选择合适的模板，努力达到视觉形式和教学内容的相互统一。

第三，提醒学生要充分利用图片、颜色等发挥视觉优势，并尽量使用数字、字母等编码形式。学生可以根据个人喜好绘制有特色的导图如图 5、图 6。自己设计的图像有助于汉语学习者理解文字内容，降低语言文字的加工难度。如复习汉字的象形字"日""月""山"等时，学习者可以画出该字的象形图加深记忆。教师平时应鼓励学生多使用色彩，设计图文并茂的思维导图。

图 5　《发展汉语初级综合 II》第 14 课词语思维导图

图片来源：冯冬梅，2017。

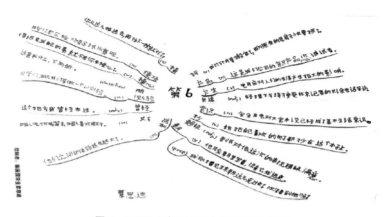

图 6　HSK 五级词语 Unit06 思维导图

图片来源：冯冬梅，2017。

第四，绘制导图不必照抄模板，每个学生都有自己的风格。教师在引导学生绘制思维导图时，注重培养学生的发散性思维。创作一幅属于自己的思维导图也是学习者自我理解的过程，正如皮亚杰所说："理解的过程就是创造的过程。"在汉字教学中，教师应重在培养学生对汉字的整体认知，了解汉字符号系统的总体面貌。

第五，重点培养学生学习汉字的兴趣。无论是手绘还是软件绘制，最重要的是培养学生的兴趣。学习兴趣是可以培养的，要帮助学生找到规律并获得成就感，发现学习汉语的乐趣。教师在点评学生的思维导图时，对绘制较好的同学进行表扬，对绘制有错误的地方适当地纠正或给出修改意见，不要打击学生的积极性，绘制粗略的导图课后也可以进一步补充完善。

五　讨论与反思

利用可视化的思维导图工具有利于学生识字。

与传统的汉字教学方式相比，采用可视化的思维导图工具教学，教师所依赖的工具不再是简单抽象的语言，而是语言与图像的结合；汉字的呈现也不再是线性的，而是平面的、通过多种形式联系起来的网络图。在采用部件拆分、字词教学等多种汉字教学方法的基础上再采用思维导图的方式复习总结，会迅速提高学习者对汉字的整体认知水平，在联想记忆中提高学生的汉字识字量。

利用可视化的思维导图工具有利于学生写字。

"多认少写"并不是完全不要求写，而是在一定程度上认读和书写相互联系、相互促进。笔者建议导图采用手绘，字词要求手写。导图的每次绘制都是集中识字、辨字、挖掘学习者头脑中存储的字词的过程。通过思维导图学生较好地了解了汉字的系统性、规律性，掌握了字形结构，这对汉字的书写也起到了一定的促进作用。

利用可视化的思维导图教学是对外汉语汉字教学方式的一大创新。

在汉字教学设计中引入可视化的思维导图，一方面改变了传统的汉字教学方法，给汉语教师带来一种新的教学方式。汉字的复习方式不再是单调的抄写、听写，而是相互合作的联想记忆。另一方面，汉语学习者往往来自世界各地，他们的基础不一，学习汉字的能力也各不相同。思维导图记忆方法可以引导学生自主学习、协作学习，培养学生的创新思维、发散思维，提高学生学习汉语的效率和理解力。

关于在实践中将思维导图工具引入对外汉语教学笔者还有以下几点反思。

第一，学习者适应思维导图的学习方法需要一定的时间，教师在开始阶段应注重引导学习者将思维导图工具广泛应用到个人生活、学习中；第二，教师应进一步观察不同地区、不同水平的学习者运用思维导图方式产生的学习效果差异，例如汉字文化圈和非汉字文化圈的学习者在使用思维导图记忆方法时学习效果是否有差异、体现在什么方面，都需要汉语教师进一步研究总结，从而针对不同的学习者提出不同的要求或建议；第三，教师在整个教学过程中是引导者，因此，汉语教师应提高自身对思维导图的认识和实践能力，充分利用汉字的特点，将抽象思维与形象思维结合起来，提高学习者对汉字学习的兴趣，从而走出汉字难学、难记的困境。

参考文献

陈曦，2001，《关于汉字教学法研究的思考和探索——兼论利用汉字"字族理论"进行汉字教学》，《汉语学习》第3期。

陈勇，2016，《基于"学伴用随"原则的对外汉字教学模式初探》，《语言文字应用》第4期。

东尼·博赞、巴利·博赞，2017，《思维导图》，卜煜婷译，化学工业出版社。

冯冬梅，2016，《运用思维导图进行汉语课堂教学的实证研究》，《语文建设》第 32 期。

冯冬梅，2017，《对外汉语教学中的思维导图实践与创新》，四川大学出版社。

黄金城，2014，《海外汉字教学呼唤改革创新——探寻"汉字难"的破解之道》，《云南师范大学学报》（对外汉语教学与研究版）第 6 期。

江新，2007，《"认写分流、多认少写"汉字教学方法的实验研究》，《世界汉语教学》第 2 期。

李大遂，2002，《简论偏旁和偏旁教学》，《暨南大学华文学院学报》第 1 期。

李润生，2015，《汉字教学法体系及相关问题研究》，《语言教学与研究》第 1 期。

李华，2017，《部件拆分与对外汉字部件教学》，《海外华文教育》第 6 期。

李满月，2011，《思维导图应用于汉语词汇教学》，辽宁大学硕士学位论文。

刘珣，2010，《对外汉语教育学引论》，北京语言大学出版社。

罗辉，2011，《打开智慧的魔盒》，清华大学出版社。

万业鑫，2014，《〈中国字·认知〉教师用书》，商务印书馆。

汪秦君，2013，《试论汉字思维导图建立的可行性》，《价值工程》第 10 期。

王学作，1980，《析字教学法》，《语言教学与研究》第 4 期。

谢华，2014，《我的第一本思维导图书》，中国财富出版社。

赵国庆、陆志坚，2004，《"概念图"与"思维导图"辨析》，《中国电化教育》第 8 期。

张朋朋，2007，《语文分开、语文分进的教学模式》，《汉字文化》。

赵迎迎，2013，《思维导图与对外汉语汉字教学》，辽宁大学硕士学位论文。

The Application of Mind Mapping in the Review of Chinese Characters in Chinese as a Foreign Language

Abstract：In teaching of Chinese as a foreign language，the teaching of Chinese characters has been weak for a long time，thus the teaching method needs urgently to be updated. In the new model of teaching，Thinking visualization is increasingly applied. As one of the effective means of Thinking visualization，the mind mapping can effectively improve both the quality of teaching and the students' learning efficiency. In view of this, this paper attempts to introduce the mind mapping into the teaching of Chinese characters as a foreign language, analyze its theoretical basis in applying it into Chinese character teaching, and focus on its basic strategy and application of visual teaching design in the review class of Chinese characters.

Keywords: Thinking Visualize; The Teaching of Chinese Characters; The Mind Mapping; Visual Teaching Design

作者简介

益超 华侨大学华文学院在读研究生，研究方向为汉语国际教育。［875781468@ qq. com］

汉语研究

现代汉语里的特殊现象

新加坡国立大学　周清海

摘　要　本文对现代汉语中复音词结构、词语用法与缩略语的特殊现象，短语和句法结构的特殊现象进行了探究。同时根据汉语作为第二语言教学或外语教学的特殊性提出语言研究者和教学者应对现代汉语中的特殊现象进行研究和说明，并编纂解释特殊现象的语文工具书，供汉语教学者和学习者参考，为汉语国际传播做出贡献。

关键词　现代汉语　特殊现象　复音词　缩略语　句法

一　前言

1.0　语言里大家遵守的规律，有一般的，也有特殊的。这些规律，保证了语言交流的可能性和准确性。语言教学的目的，就是把这些规律教给语言学习者，并且提供教学活动，让学习者将这些规律内化，使之成为自己的语言能力。无论是语言学习的过程还者语言习得的过程，都是这些规律的内化过程。

笔者认为，"汉语走向世界，学习汉语的人，无论数量或语言背景都和过去大不相同，因此，要求语言教学者，对所教的语言，有深刻的认识，不能只凭自己的语感进行教学；也对语言研究者提出加强汉语研究的要求"（周清海，2008）。

我们要求语言里出现的新说法、新格式，在结构关系上跟原有的基本格式一样，这是语言发展中的一种制约力量，使语言更合乎一般规律。但是，语言里除了符合一般的格式、受语言一般规律制约的现象之外，也有不少特殊现象。

1.1 所谓特殊，是指那些已经约定俗成而又不完全符合，或者不符合一般规律的语言现象。这些特殊现象，常常不能用一般的规律加以解释。语言研究者和语言教学者常为这些特殊现象所困扰。

现代汉语是"古今杂糅，南北混合"的语言。这个语言的口语和书面语，还有许多地方没弄清楚（李临定、许小颖，2008）。因为"古今杂糅，南北混合"，所以它含有比较多的特殊现象，令人感到困惑的地方也比较多。

特殊现象虽然跟一般规律不完全相符，但是大部分还是可以解释的。语言研究者必须研究这些特殊的现象，为语言教学者、语言学习者提供足够的信息，方便他们教导和学习语言。李临定先生（李临定、许小颖，2008）说："对学习理解一种语言来说，认识它的构造特别的内容部分，显得更加重要。"这一说法是正确的。

本文特别注重讨论语言里的复音词结构、词语用法与缩略语，以及短语和句法结构的特殊现象，并且建议编纂解释这些特殊现象的语文工具书，供汉语教学者和学习者参考。

二 复音词结构、词语用法与缩略语的特殊现象

2.1 现代汉语的复音词，除了联绵词和音译词之外，大多数是由词组演变来的，因此，复音词的结构规律同句法是一致的。句法里有的结构，都反映在复音词的构词里。如：主谓式——地震、海啸、气虚；谓宾式——管家、知己、立春；补充式——跳远、推动、提高；并列式——功劳、答应、吹嘘；主从式——黑板、白菜、回顾；其他格式——讨厌、报考。

上面这些复音词的构词方式和句法结构完全一致，都是合乎现代汉语句法的一般构词规律的。

但是，语言里有些例外现象，如"养病、养老、养伤"，显然和"养鱼、养家"的谓宾式结构不同，"病、老、伤"都是"养"的原因，表示"为病而养""为老而养""为伤而养"，不是"养"的对象，李行健先生因此认为，我们只有按照动状结构去分析这些词语，才能使语法结构形式和意义统一起来。因此，在构词法中，可以考虑设立"动状"结构这种构词

形式。这种结构形式正是来源于古代汉语中的状语后置的造句法。

李先生的建议，有一个基本的大前提，那就是适当不适当将特殊的语言现象归纳成为一般的语言规律，以及根据特殊的语言现象归纳规律，和一般的语言规律混在一起，有没有必要。让我们观察古汉语里的谓宾关系，如：

(1) 伯夷死名于首阳之下。(《庄子》)

(2) 伯氏苟出而图吾君，申生受赐而死。(《礼记》)

(3) 居庙堂之高，则忧其民；处江湖之远，则忧其君。(《岳阳楼记》)

"死名"是"为名而死"，"图吾君"是"为吾君而图"，"忧其民"是"为其民而忧"，这种句法结构，在古汉语的研究里都包括在谓宾关系里。古汉语表示的"为……而"意义和"养病、养老"等词的结构所表示的意义完全一样。"死名"这一类的谓宾关系，是不可能用"动状"关系来解释的。

古汉语里的这种句法结构，在现代汉语句法里几乎已经消失了，但保留在复音词的结构里。

常听到这样的口语句子："你在忙什么？""在忙晚饭。"其中，"忙晚饭"是"为晚饭而忙"。另外，"矮他一头"是"比他矮一头"，就像"低人一等"是"比人低一等"一样，也都是谓宾结构。这种表示"为……而""比……"等的谓宾关系，在古汉语中早就存在了，我们不必因为现代汉语里的少数特殊构词现象而特别建立"动状"一类。如果这样做，将增加现代汉语语法结构的类别，也将牵动古汉语里一般的谓宾关系。

2.2 古汉语句子里，除了动词以外，形容词也能带宾语。这有两种情况。

2.2.1 表示使动的意思：

(4) 去顺效逆，所以速祸也。(《左传·隐公三年》)

(5) 能富贵将军者，上也。(《史记·魏其安侯列传》)

2.2.2 表示意动的意思：

（6）孔子登东山而<u>小</u>鲁，登泰山而<u>小</u>天下。（《孟子·尽心上》）

（7）藤公<u>奇</u>其言，<u>壮</u>其貌，释而不斩。（《史记·淮阴侯列传》）

现代汉语里的"温酒""繁荣经济"等词语，就是保留了古汉语形容词的使动用法。其他例子如：安定人心（使人心安定）；端正态度（使态度端正）；方便顾客（使顾客方便）；熟练技术（使技术熟练）；完善现有的词类系统（使现有的词类系统完善）。

单音形容词也有使动用法："湿了您的东西。""肥了个人，瘦了集体，亏了国家。""这饭应该热一热。——我热饭去了。"句子里的"湿""肥""瘦""热"都是单音形容词，表示使动。

现代汉语里的这类用法，也是特殊现象，还在发展之中。究竟有多少形容词能这么用，谁也说不准。"整齐"和"安静"也是形容词，但没有"整齐队伍"（使队伍整齐）、"安静课室"（使课室安静）的说法。

形容词带宾语，除了表示使动之外，还表现了另外一种特殊的意义，就是李行健先生所说的"动状关系"。如：淡泊名利（对名利淡泊）；疏远我（对我疏远了）；重男轻女（认为男的重要，女的不重要）；厚此薄彼（对这个重视，对那个不重视）；大我三岁（比我大三岁）；重我一公斤（比我重一公斤）。

新加坡汉语里也有一些形容词带了宾语：你生气妈妈（对妈妈生气）；亲爱父母和兄弟姐妹（与父母和兄弟姐妹相亲相爱）；恐惧自己会老死（为自己会老死而恐惧）；恼怒你的直率（对你的直率感到恼怒）（陆俭明，2002）。"生气""亲爱"这类形容词带上宾语的用法，只见于新加坡的书面语，普通话没有这么用的。

如果从形容词带宾语这个特殊现象来看，新加坡学生用形容词时出现的一些特殊语言现象，如"他们一连清洁了十八间课室""在英校教华文，有机会进步你的英语"，"清洁""进步"都是形容词，现在都认为不能带宾语，是病句（周清海，2003）。将来"及格""清洁""整齐"等形容词，会不会发展成为能带上宾语，谁也说不准。但是，即使发展了，也都只能当作语言里的特殊现象，不是一般的规律。

我们承认特殊现象的存在，但不赞成把特殊现象和一般规律混同起来。如果因为"养病"一类的结构而增加"动状"构词，就是不分一般和特殊，而且跟古汉语的现象也不一致。

至于"秃了头发（头发秃了）""红着脸（脸红着）"，却是地地道道的一般谓宾关系。如何看待这一类形容词带宾语的现象，语法学界还有争论。如果要维持以能不能带宾语作为形容词和动词区别的标准，那么这一类"地地道道的一般谓宾关系"的形容词，可以当作形容词和动词的兼类词处理（胡明扬，1996）。

2.3　谓宾结构的复音名词大部分是名语素在后的，如"烧饼""领队""管家"等，过去，新加坡教育部华语规范委员会将"蚝煎"改为"煎蚝"，就是认为谓宾结构的复音名词没有名语素在前的。但是三十几年后，新加坡人用的仍旧是"蚝煎"，没有人用"煎蚝"，中国台湾也说"蚝煎"。"蚝煎"是闽南方言。新加坡教育部华语规范委员会对特殊现象没有认识，才会做出违反语言习惯的规范建议。

其实现代汉语谓宾结构的复音名词，也有名语素在前的，如"笔洗""腰围""肚兜"，只是数量较少罢了。这些名语素在前的名词，是现代汉语复音词构词里的特殊现象。我们不必因为这些特殊现象而在构词法里增加"宾谓"一类，更不适宜用人为的方式将"笔洗""腰围""肚兜"改为"洗笔""围腰""兜肚"（《现代汉语词典》只收"兜肚"，《现代汉语规范词典》"肚兜"和"兜肚"两个词都收）。

主从结构的复音词，一般都是修饰语素在前，如"火热""奇迹""手指""白发"，但也有少数是中心语素在前，修饰语素在后，如"脚板"（比较"板鸭"，是以"鸭"为中心）；"脸蛋"（比较"鸭蛋脸"，是以"脸"为中心）；"骨盆"（《现代汉语词典》只收"骨盆"，不收"盆骨"，新加坡就叫"盆骨"，"盆骨"才是以"骨"为中心）；"宅院"（带院子的宅子，泛指住宅）；"卧病"（因病躺下，《现代汉语词典》不收"病卧"，"病卧"才是以"卧"为中心，中国港台地区、新加坡、马来西亚"卧病"和"病卧"都用）。这种修饰语素在后的现象，戴昭铭《一种特殊结构的名词》一文里举了不少例子（戴昭铭，1982）。张清常认为，既然全中国"地无分南北"，时不论古今，古代汉语和现代汉语普通话、方言，都有"中心语＋修饰语"的现象，似应把这种现象解释为汉语所固有，是远古、上古汉语的遗迹，并非仅受兄弟族语言影响而偶然渗入的现象。

因为只见一般，不见特殊，便有人说"熊猫"，应该改为"猫熊"，因为"熊猫"不是"猫"。但是，似乎没有人因为"蜗牛"不是"牛"，而提议将"蜗牛"改为"牛蜗"的。

关于"蜗牛"，《广韵》："蜗牛，小螺也。"《释文》："蜗虫，有两角，俗谓之蜗牛。"王念孙说："案蜗牛有壳者，四角而小，色近白；无壳者，两角而大，色近黑，其实则一类耳。谓之蜗牛者，有角之称。"①

和"熊猫""蜗牛"相同结构的复音词，还有"蠹鱼""犀牛""茶砖""雪花"等。赵元任（2002）认为："被修饰语—修饰语的造句次序，中文里是不可能有的。"② 丁邦新（2000）也说："总的来说，汉语无论在历史上或者方言里都没有'中心语–修饰语'这种结构存在的痕迹。"他们都说得太绝对了，是不可靠的。

2.4　再从缩略语的情况观察。人们认为缩略语的用字是表义的，因此常常用语素义来看缩略语的用字，用一般的结构方式对缩略形式的内部结构和组成提出要求。将"调查研究"缩略为"调研"，将"北京腔调"缩略为"京腔"，都符合这个要求。吕叔湘、朱德熙（1980）认为，"文言成分，在用汉字写文章的今天，不仅还不容易避免，而且有时对于现代语的表现力还有点贡献。"因为我们现在还应用汉字，所以复音词减缩为单个汉字（语素），才成为可能。

短语"邮政编码"，按一般的减缩，应该是"邮码"，而不是"邮编"。因为"码"是"编码"的减缩，"编码"是名词，只能用名词语素"码"。"码"所构成的词，如"密码、暗码、号码、代码、电码、价码、加码"，都是名词。这是一般的现象。"编"却是动词语素。

现代汉语里动词语素不能带名词语素作定语。"蜂拥""鼠窜""瓜分"一类的复音词，用"蜂""鼠""瓜"来修饰动词语素"拥"、"窜"和"分"，名词语素在前面，动词语素在后，构成状动关系，而不是构成主谓

---

① 见王念孙《广雅疏证》（台湾五洲出版社）卷十下，第 371 页。戴昭铭已引，见《一种特殊结构的名词》[《复旦学报》（社会科学版）1982 年第 6 期]，又见周荐编《二十世纪现代汉语词汇论文精选》（商务印书馆，2004）第 113～119 页。戴氏将王念孙误作王引之。

② 赵元任这个说法不完全对。造句没有，但构词是有的。造句里定语和状语后置，在口语、特殊文体里，如诗和翻译文学里，也还是有的，只是数量较少而已。

关系，这是古汉语用法的遗留："庶民<u>子</u>来"（《大雅·灵台》）；"豕<u>人</u>立而啼"（《左传·庄公八年》）。

以名词修饰动词，现代汉语句法里少见，却保留在少数复音词里，如"蜂拥""鼠窜""家居"，以及成语如"川流不息""涣然冰释"之类。孙德金（1995）说："单音节名词加单音节动词在古代汉语中是一种句法形式，表现为状中关系，但到了现代汉语中主要地成了一种构词形式，如'枪毙、云集、电疗、火化、空投、水解、函授、下放'等。属于句法构造形式的一般限于书面上的文言形式。例如：a. 我们将血战到底。b. 飞机下滑五百米。c. 机车前行一百米。（＊机车前走一百米。）"这一说法是正确的。

使用"邮编"，以"编"表示"编码"，"编"是动词语素，而且用"邮"来修饰。"邮编"既不是动词，也和现代汉语的一般规律不合。但现在"邮编"固定在现代汉语里了，我们只能承认"邮编"（名词）是"蜂拥"（动词）一类词之外的特殊现象。

俞理明（2005）建议，如果以"编"为名词语素的用法增多了，恐怕也要和"委"一样，增加一个新的名词语素的意义。"委"是动词语素，如"委任、委托、委派"。用"委"表示"委员"，也是将动词语素用为名词语素，这是语言的特殊现象。《现代汉语词典》第五版和《现代汉语规范词典》不得不给"委"增加"委员或委员会的简称"的意义，如"党委、市委、省委、政委、国委、立委、执委"。

当然也可以以"编"为"编码"（名词），给"编"增加新的名词语素的用法。"编"除了在"主编"等词里是"编辑"（名词）之外，还增加了"编码"的意义。

上面所讨论的构词、词语用法和缩略的特殊现象，都可以在现有的句法关系里处理，没有必要因为语言里的特殊现象而建立特殊规律，破坏一般的语言规律。

三　短语和句法的特殊结构

3.0　1959 年，《北京日报》为"恢复疲劳"展开了讨论，最后以张志公先生的文章《语言规范和"约定俗成"——从"恢复疲劳"所引起的讨论谈起》收尾，当时，张志公（1997）认为："目前还不宜于无保留地去提倡它。"其实，"恢复疲劳"，1934 年就出现在鲁迅（1973）《随便翻翻》一文里："觉得疲劳的时候，也拿这玩意来作消遣了，而且它也的确能够恢复疲劳。"

75 年后的今天，"恢复疲劳"几乎是定居下来了，网上的用例，不计其数。五六十年前的特殊现象，今天却定居在现代汉语里，我们就不得不承认它的正确性了。

比较古汉语的谓宾关系，我们是不是可以在不增加"动状"的情况下，给"谓宾关系"增加这一类的内容呢？"恢复精神"是一般的谓宾关系，"恢复疲劳"是"从疲劳中恢复"，谓宾关系所表示的内容和"恢复精神""消除疲劳"不同。"消除疲劳"是一般的、常见的谓宾关系，而"恢复疲劳"是特殊的谓宾关系。汉语的谓宾关系所表示的内容，无论是古汉语还是现代汉语，都比英语丰富，"写字"和"写黑板""写楷体"，"吃饭"和"吃餐馆""吃大碗"，都是现代汉语的谓宾关系。

3.1 "亲朋好友、亲戚朋友"都符合汉语短语的结构，但"亲朋戚友"不符合汉语短语的结构。因为"戚"只有名词性的用法，如"皇亲国戚""外戚"，从不用来修饰名词。"戚"用为形容词，是"忧伤"的意思。如果"戚"和"友"用在一起，意义就不清楚了。但是语言应用里出现了"戚友"，当作并列结构，指"亲戚朋友"：

（8）一句谎言说过三次就自己也信以为真的，我们戚友间不乏事理。（《走到人生边上——自我自答》）

把"亲戚朋友"缩减为"戚友"，意义虽不明确，但用开了，也只能当语言里的特殊现象。《现代汉语词典》"戚"字下收了"戚谊"（亲戚关系）、"戚友"（亲戚朋友），《现代汉语规范词典》不收。

两部词典都不收"亲朋戚友"。"亲朋戚友"的误用，就像"绘声绘色"是"绘声绘影"的误用（吕叔湘，1992）一样，谁也没办法纠正。"亲朋戚友"和"戚友"可能留在汉语里。

因此，如果以汉语的普遍用法为依据，那么"亲朋戚友、戚谊、戚友"都是语言的特殊现象。

3.2 词语里也出现了贬义消失的特殊现象。如"扩张"有两个意思。

①扩大（势力、领地）：跨国公司把势力扩张到世界各国。②（血管）舒张。第一个意义中，普通话没有贬义，但在华语区是含贬义的。

"始作俑者"，见于《孟子·梁惠王上》："仲尼曰：始作俑者，其无后乎？"因此《现代汉语词典》说"比喻恶劣风气的始创者"，《现代汉语规范词典》说"比喻恶劣先例的始创者"，都是正确的。百度百科增加了"现在常被误用指第一个做某一件事或某一项任务的人"的说明。百度百科里所说的现象，只能当作特殊的现象。成语里有不少这一类的特殊现象，如"倾巢而出""罄竹难书""面目全非""摇身一变"等，其中的贬义都有消失的趋势，值得我们注意。

3.3　吕叔湘先生的一篇论文里，讨论了"了"的位置，如"说了""出售了""出借了"等，"了"都出现在动词后边。下面却是一些特殊的现象：

（9）放在心上——放在了心上
（10）坐在地上——坐在了地上
（11）飞向很远的地方——飞向了很远的地方

句子里的动词是"放""坐""飞"，都是单音动词，"了"都出现在"在、向"之后。复音动词就没有这种现象。吕先生认为这和双音节有关（吕叔湘，1963）。单音节动词和介词"在、向"结合，再用上"了"，是看作单音动词的普遍规律，还是当作特殊现象，是值得讨论的。

"们"是后缀，表示和人有关的词语的复数，但语言里有"它们"的用法。这是欧化的现象。《现代汉语词典》说，"用在代词或指人的名词后面，表示复数"，《现代汉语规范词典》更进一步说，"修辞上的拟人手法除外，如'星星们……''猴子们……'"。这些都是在不增加语言规律的基础上的处理方式，既注意一般现象，也说明特殊现象。

古代汉语的第三人称代词通常不充当主语，句子里的主语是第三人称时，通常用零形式回指，或重复用名词。现代汉语继承了这个习惯，因此句子的主语也不用"它"，更不用"它们"。可是，现代汉语里的欧化句法，不只用"它"，还用"它们"。这种欧化和传统并存的现象，就是一般和特殊并存的现象。在词典或语法规律的说明里，都应该注意这些特殊现象。

3.4 "加以"，《现代汉语词典》说，"用在多音节动词前，表示如何对待或处理前面所提到的事物"。这里指出了"加以"后边的双音节动词是外动词，而且动词的"宾语"提前了。但是，下列句子里，"加以"出现的位置和上述的说明不符：

（12）许多基本词，基本上是经过千百代保存下来而没有加以变化的。……如"不、鸡、羊、牛、下、来"等，保存到现代语里，没有加以变化。（《张世禄语言学论文集》）

（13）目前量度词已成为一个大类，并且只要稍加运用想象力，新的量度词就会不断出现。（《运用语言学的探索》）

第一句的"变化"是内动词，不是外动词，却用在"加以"的后边。第二句的"稍加"是"稍稍/稍微加以"，动词"运用"后边却跟着宾语"想象力"。这两个句子都不符合《现代汉语词典》等辞书的说明。我们还发现下面的句子：

（14）须要加以突出的古汉语的特殊句式有哪些？

句子用"加以突出"来修饰"古汉语的特殊句式"这个"宾语"。如果依照《现代汉语词典》等辞书的说明，句子（14）只能说成："古汉语的特殊句式，有哪些须要加以突出的？"

这些都是"加以"的特殊现象，和一般用法不同。特殊的用法，在任何语言里都存在，语言研究者和语言教学者都必须对它有一定的认识，否则，面对疑难，就没有办法处理。

四 结论

语言里普遍存在一般规律之外的特殊现象，对这些特殊现象，我们过去注意得不够，也不充分。汉语全球推广的新局面对汉语的研究者和教学者提出了新的要求：研究和说明这些特殊现象。

当然，我们也知道，语言符号和意义形成了固定的联系之后，这个符号的组成原因不是语言学习者必须了解的，如"蜗牛"为什么不叫"牛蜗"，"熊猫"为什么不叫"猫熊"，语言学习者可能是没有兴趣知道的。但是，像"看了"，应该说"看在了眼里"，还是该说"看了在眼里"，就是语言学习者需要知道的了。

发现特殊现象并加以合理的解释是不容易的。《咬文嚼字》登载了邢福义先生的文章《"救火"和"救人"》，他说，"救生"和"救死"都能说，但各有用处。"救生衣、救生圈、救生艇"如果改说成"救死衣、救死圈、救死艇"，谁会去买？谁会去使用？"救死扶伤"是个例外，"死"和"伤"照应使用，说明轻重不同的两种情形，修辞效果好；如果说成"救生扶伤"，反而不佳（邢福义，2007）。云起先生（2008）却为文反驳，认为"救生"，当为"救而生之"，或者是"救而使之生"，"生"是使动用法，而"救死扶伤"的"救死"，"死"是名词，意为"将要死的人"，该短语是动宾结构，意为救助可能就要死亡的人。

其实，邢福义先生的说法是正确的。"救生"和"救死"都是谓宾结构，"救生"就是"救护生命"，"救死扶伤"的"救死"是指"救活将死的人"。云先生把一般现象当作特殊现象解释，认为"生"是使动用法，似乎没有必要。

这个例子说明了发现和解释特殊现象不是一件简单的事。但是，特殊现象的发现和解释，对以汉语作为第二语言或外语的教学者特别重要。因为他们的教学对象都没有或者很少有口语的语感基础。因此，笔者建议有关研究机构组织研究人员编写一本参考工具书，专门处理现代汉语里的特殊现象。这是有必要的，这将对汉语的国际推广做出贡献。

参考文献

周清海，2008，《华语研究与华语教学》，《暨南大学华文学报》第 3 期。

李临定、许小颖，2008，《现代汉语短语解析词典·前言》，商务印书馆。

李行健，1982，《汉语构词法研究中的一个问题——关于"养病"、"打抱不平"等词语的结构》，《语文研究》第 2 期。

陆俭明，2002，《新加坡华语语法的特点》，《新加坡华语词汇与语法》，玲子传媒。

周清海，2003，《华语教学语法》，玲子传媒。

胡明扬，1995，《现代汉语词类问题考察》，《中国语文》。

戴昭铭，1982，《一种特殊结构的名词》，《复旦学报》（社会科学版）第 6 期。

张清常，1989，《上古汉语的 SOV 语序及定语后置》，《语言教学与研究》第 1 期。

王念孙，《广雅疏证》卷十下，台湾五洲出版社。

赵元任，2002，《赵元任全集（第一卷）》，商务印书馆。

丁邦新，2000，《论汉语方言中"中心语—修饰语"的反常词序问题》，《方言》第 3 期。

吕叔湘、朱德熙，1980，《语法修辞讲话》，中国青年出版社。

孙德金，1995，《现代汉语名词做状语的考察》，《语言教学与研究》第 4 期。

俞理明，2005，《汉语缩略语研究》，巴蜀书社。

张志公，1997，《张志公汉语语法教学论著选》，山西教育出版社。

杨绛，2016，《走到人生边上——自我自答》，时报出版。

吕叔湘，1992，《未晚斋语文漫谈》，语文出版社。

吕叔湘，1963，《现代汉语单双音节问题初探》，《中国语文》第 1 期。

张世禄，1984，《张世禄语言学论文集》，学林出版社。

曹逢甫，1993，《运用语言学的探索》，台北文鹤。

邢福义，2007，《"救火"和"救人"》，《咬文嚼字》第 7 期。

云起，2008，《"救生"与"救死"》，《咬文嚼字》第 6 期。

鲁迅，1973，《且介亭杂文》，载《鲁迅全集》第六卷，人民文学出版社。

The Special Features of Modern Chinese

Abstract：This paper probes into the special features of polysyllabic word structure, word usage and abbreviation, phrase and syntactic structure in modern Chinese. Combing the particularity of Chinese as a second language teaching or foreign language teaching, this paper puts forward that language researchers and teachers are supposed to study and explain the special features in modern Chinese. Moreover, they should compile language reference books explaining special features for the reference of Chinese teachers and learners, and make contributions to the international dissemination of Chinese.

Keywords：Modern Chinese；Special Phenomenon；Polysyllabic Word；Abbreviations；Syntax

作者简介

周清海　新加坡国立大学兼任教授，研究领域为汉语语法、词汇、方言和新加坡华语教学与研究等。［chscch@ nus. edu. sg］

"V也V不C"的语义表征及语篇分析[*]

浙江工业大学人文学院　盖瑞雪

摘　要　动词重复是汉语中一种独特而又常见的语言形式。在"V也V不C"中，第一个动词作为话题成分具有去范畴化的特点。整个构式表达行为主体实施的动作或者具有的动作意图并未实现预期的结果。具体表现为"任意为之而未果""假定为之而未果""意欲为之而未果"。"V也V不C"在话题链中处于居中或者末尾的位置，用来对话题进行补充说明或者进一步解释。

关键词　V也V不C　去范畴化　反预期　话题链

一　前言

"V也V不C"是现代汉语非正式语体中一种常见的结构。北京大学中国语言学研究中心现代汉语、古代汉语语料库中，能够查到的该结构最早见于宋代的《朱子语类》，这应该与"V不C"在宋代固定为能性述补结构的表达形式有关（吴福祥，2002）。明清小说中此类结构也比较多见。该结构在形式上最突出的特点是动词重复，重复的动词带否定性的可能补语，动词与述补结构之间用语气副词"也"连接。如①：

（1）她向记者说：装一个电话办这么多手续，<u>看也看不明白</u>，问也没有解释，连本局的职工都不知道怎么办，就更别说是用户，特别

---

* 感谢匿名审稿专家提出中肯的修改意见，文中谬误由笔者负责。

① 本文共考察412条语料，所有语料均来自北京大学中国语言学研究中心语料库。

是一些上了年纪的用户了。

（2）记者在现场见到这位老知识分子躲又无处躲，<u>说也说不了</u>，害得心脏病几次发作。

（3）这话说得我二二忽忽，几乎相信是我自己画了那些画，但我又记得自己没有梦游的毛病。再说，我家离厂里远得很，<u>游也游不到</u>。

学者们关于此类结构的专门研究并不多见。刘爱华（2015）分析了该结构的句法功能及语义特征，认为整个格式是省略了"即使、就算、就是、纵然"等关联词语的表假设让步义的紧缩格式。实际上，表示"假设让步义"只是该结构的功能之一。吕叔湘（1980）在分析"也"的语义时，曾以例句的形式提及此种句式。史有为（2005）在讨论句式话题性时，测试了该结构的话题性程度。王霞（2003）论述了肯定与否定的"V_1 也 V_1 P"结构，但并未对"V 也 V 不 C"结构做出专门的论述。巴丹（2011）和王圣博（2008）在分析副词"都""也"时提及该句式但也并未进行专门研究。通过阅读文献，我们发现该结构并未引起学界足够的重视，而该结构在语义与语篇方面都有其特点，本文拟对此进行深入的研究。

二 "V 也 V 不 C" 的语义表征

在同一个句子中，动词可以重复是汉语的一个重要特点。这种重复不仅是句法层面的，比如动词重叠，"平时看看书，打打球"；还有的是语用层面的，比较常见的如重动句，"他喝酒喝醉了"；其他动词重复的句式基本可以表示为"V 也/都 VP""V 什么 V"。第一个动词或者动词短语从认知的角度来看，都是提供一种背景信息，或者说将某一动作或者事件作为谈论的话题置于句首的位置，动词重复后与其他成分一起构成焦点信息。"V 也 V 不 C"也具有这样的结构特征。

2.1 语义类型

"V 也 V 不 C"中的"V"以单音节居多，双音节的例子较少。同一个词语，可以从不同的角度表达相关的不同概念，或者说同一个词语在不同的场合可以表达不同的概念、体现不同的功能。单音节动词在句中充当谓语中心语时具有典型的动词范畴特征，但在"V 也 V 不 C"中，第一个动词"V"丧失了动词的部分范畴特征，具有去范畴化的特点。去范畴化（decategorization）最早由 Hopper & Thompson（1984）提出，主要是指某一语法范畴在一定语篇条件的作用下脱离其基本语义和典型的句法特征的过程（方梅，2005；曹秀玲，2010；李华勇，2012）。在"V 也 V 不 C"中具体表现为：语义上，第一个动词语义泛化，降级为背景成分（background），它可以根据语境的变化进行不同的识解，而"V 不 C"上升为前景成分（foreground）；句法形态上，第一个动词失去范畴的某些典型的分布特征，没有时体变化，无否定形式，不带状语或补语成分，当动词是及物动词时，后面不带宾语；语篇上，篇章功能发生扩展或者转移。动词"V"位于句首，成为被叙述的对象，陈述性减弱，指称性增强，成为句子进一步叙述的次话题。其实大多数 VP 处于话题的位置时都有这样的表现。正是因为"去范畴化"使这个动词具有了新的范畴化的特征，所以这个动作进行的方式、次数、时体都具有了多种可能性，体现了共时的多样性。"V 也 V 不 C"既可以用于现实域，表征已然、现实事件，也可用于非现实域，表征未然、非现实事件。该构式容纳了非常丰富的语义内涵，主要表现为下面几种类型。

2.1.1 任意为之而未果

"V 也 V 不 C"在特定的语境中，动作主体有实施动作的强烈意愿，可多次实施动作，且动作具有一定的持续性，但并未达到主体理想的结果。构式具有"周遍义"或者"任为义"。可以用"无论怎么 V，都 V 不 C"进行检测。

（4）把菠菜洗过了，倒在油锅里，每每有一两片碎叶子粘在葭篓底上，抖也抖不下来；迎着亮，翠生生的枝叶在竹片编成的方格子上招展着，使人联想到篱上的扁豆花。

（5）这边噙泪而醒，啐了两声道："作你娘的怪，这番做这样的恶梦！"看视牲口，那边驴子寒卧地下，打也打不起来。

（6）十三陵水库管理处李素潜说：我们单位买的空调器放在会议室，因出故障，修也修不好。正当盛夏不能使用。

（7）第一个缺点，就是杨绛同志提到的"佶屈聱牙"，特别是苏联和东欧的译名。再加上俄罗斯民族又有称父名的习惯，结果一个人名从本名、父名到姓，往往长长一连串，佶屈聱牙，<u>读也读不顺口</u>。

这种类型的"V 也 V 不 C"表达的动作是已然的状态，但无论这个动作以怎样的方式进行、进行多少次，都无法达到某种积极的结果。刘爱华（2015）提出该结构可以表达无条件语义关系。我们认为这种语义内涵正是第一个动词具有的去范畴化属性与语境共同作用的结果。这种无条件的语义关系在非现实语境中又进一步体现为让步假设语义关系和主观意图义。

2.1.2 假定为之而未果

"V 也 V 不 C"中，说话者假定施行了某种动作，并且主观上对假定动作的结果做出否定的判断。可以用"就算/即使 V 也 V 不 C"进行检测。

（8）雷蕾的创作也挺有意思，她自己总结了几条规律：一是不梳头不洗脸写的歌最好；二是下午和晚上一般不写，<u>写也写不出</u>；三是不能用新纸写，越新越白的纸越写不出来。

（9）二嫂嗯了一声说："也许出村走了呢。""也找了，没有。"蒿三说。"不过，<u>走也走不远</u>，也许能追得上哩。"

（10）"哎哟，我那老天爷！怎么你的脸肿成这样啦！这不是还流血哪！"史更新连说："别擦了，<u>擦也擦不完</u>，又怪脏的！"

这种类型的"V 也 V 不 C"一般出现在假设或者具有否定意义的语境中。表达的动作是主体主观的假设，在客观的世界里该动作有可能发生，也可能并未真正实行。在口语中一般第一个动词后可以有停顿。在上文中有些词语或者语境可以提示后面的动作没有发生，是说话人主观上的假定。如例（8）中上文"一般不写"表达否定意义，后面的"写"是从肯定的视角出发，蕴含假定义，整个句式表示假定为之而未果。

2.1.3 意欲为之而未果

"V 也 V 不 C"中，动作主体有施行动作的主观意愿，但客观的结果无法实现。可以用"想 V 也 V 不 C"进行检测。

（11）他着急得坐立不安，<u>吃也吃不下</u>，<u>睡也睡不着</u>；更加没心思去教什么书，去跟林开泰、华大维、丁猷他们鬼混了。

（12）可是那不行，玩尽管玩，他早抱定了宗旨不惹自己家里人，一时的兴致过去了，躲也躲不掉，踢也踢不开，成天在面前，是个累赘。

（13）妇人遂又说道："先别慌张，你沉住了气，喝你的酒，听我的。"银龙只好听着，走也走不了，藏也不能藏。

这种类型的"V也V不C"凸显主体意愿，表达的动作是主体主观倾向施行的动作，并未真正施行，是未然的状态，说话者对这种主观意愿可能产生的结果做出否定的判断。

无论是"任意为之"、"假定为之"还是"意欲为之"都体现了说话者的主观判断，特别是"假定为之而未果"与"意欲为之而未果"都具有非现实的特征，① 主观假设与主观意愿有时并非截然对立，因此在有些语境下，构式可以做出两种或两种以上解读。

（14）简朴、平淡，没有那种城市人写农村的装腔作势。也越是在这简朴、平淡之中，许多形态心态也就印在了人的记忆之中，擦也擦不掉，抹也抹不去。（"V也V不C"有任意为之而未果、意欲为之而未果之意。）

（15）开市大吉，一天就发。对生意人来说，还有什么比这更高兴的呢？陈老板乐颠颠地想，真是财来如山倒，挡也挡不住，也活该那收山货的乡巴佬洋盘，他要知道这表只花了他不到二十块，非气出病来不可。（"V也V不C"有意欲为之而未果、假定为之而未果之意。）

（16）罚跪、掐脖子则是常事。在去孟家第 25 天时，孟庆利用洗尿盆的脏水从小清的脖子上浇下去。余小清曾有三次被罚坐在厕所的地上。孟家门内外都有锁，逃也逃不出来。（"V也V不C"有任意为之而未果、意欲为之而未果、假定为之而未果之意。）

以上三种不同的语义内涵融合于一种构式当中，动作最终指向的结果

---

① "任意为之"既可用于现实语境，也可用于非现实语境。

都是无法实现。构式具有"周遍""假定""欲为"等不同的语义特征。说话人根据语境，凸显不同的语义，从而使听话人做出不同的识解。构式的具体含义依赖说话人对情景的识解，正是在构式与语用的双重作用下，该构式表达了相应不同的语义类型。

2.2 "也"与"V 不 C"

张谊生（2000）认为副词"也"兼属关联副词和评注副词，而评注副词则是表达汉语情态的一条重要途径。在"V 也 V 不 C"中，"也"不是表示类同，而是表达说话人的一种主观情态，所以应是一种评注副词。

（17）我对史学早年并不发生兴趣，更怕读古书，读也读不懂，因之和顾先生交臂错失。

（18）我的身子似乎被一个无形的大手拖住了，走也走不动。我只希望能有片刻的宁静……片刻的……哪怕只五分钟也好！

（19）民不与官斗，我们又没枪，又没炮，说也说不过，打也打不赢，别说了！

在上面的"V 也 V 不 C"中，动词都是一些最常见的动作，具有"自主＋可控"的语义特征。从常理上来看，这些动作产生肯定的、积极的结果是动作主体主观期待的，但在该结构中动作并没有产生相应的结果，反而是一种无法实现的状态，这是预料之外的，所以这里的"也"具有反预期的功能。陈鸿瑶（2015）认为，当说话人想表达一个超出预期或者不符合常理的判断时，往往会使用"也"。听话人把现实情形与预期或所愿相比较，通过反差来理解说话人的意图。说话人用"也"表达反预期信息是主观识解的结果。

"V 不 C"是汉语中特有而又常见的一种结构。岳浩然（2012）指出该格式表达行为主体对实现某一目标的愿望和主体动力。问题是"V 也 V 不 C"这种结构是否只能容纳否定形式而无肯定形式，下面两个例子来自杉村博文（2010）。

（20）这几年，咱们的家底，凡是看得见的、摸得着的都抖落的差不多了。

  （21）思念是一种<u>看不见</u>、<u>摸不着</u>的真实感觉。

这两个例子中的述补结构一个是肯定形式，另一个是否定形式。第一个肯定的述补结构不能换成"V 也 V 得 C"结构，而第二个否定的述补结构则可以换成"V 也 V 不 C"结构。这与"也"的功能有关。如果说"肯定"是常态的、可预期的，那么相比较而言，"否定"是有标记的，是超出预期的，这种特征正与"也"具有的反预期功能吻合。动词与动词无法实现的结果之间需要一个反预期的"也"来连接。

2.3 小结

  从认知上来看，说话者主观上要对某一动作做出评述，以动作为参照点，即话题，由于"V 不 C"已经语法化为比较稳定、凝固的结构，所以在形式上选用动词的重复的方式是表达相应概念的一种最合适的选择。从语义上来看，该格式的语义内涵是，行为主体主观能动地实施某一动作，或者具有实施某一动作的意愿，但动作并未实现预期的结果。岳浩然（2012）认为"V 不 C"结构具有动力情态语义与认识情态语义。动力情态（dynamic modality）是指行为主体的某种行为能力，体现为"能力""意愿"这样的概念。认识情态（epistemic modality）表达说话人对命题为真的可能性与必然性的看法或态度，是说话人对有关情境的事实性信念的确定性（彭利贞，2005）。"V 也 V 不 C"在语篇中主要表达认识情态义。无论是任意为之而未果还是意欲为之而未果、假定为之而未果，结果反预期，都表达了消极的主观情态，体现了说话人对于事件结果的可能性的主观判断。

  "V 也 V 不 C"这种结构本身表达的是某个动作或事件的发生不具备可能性或者无法实现某种结果，结构本身可以独立成句。同时，可能性或者结果也可以代表宽泛的某种状态，在句子中表现为可以充当特定的句法成分，如谓语、定语、补语等。①

  （22）从这个剧场来说，我总在想上万人的剧场是演什么用的，观

---

  ① 限于篇幅，本文主要分析的是独立成小句的"V 也 V 不 C"结构。

众看也看不清楚。

（23）面对着这古老而亲切的城市，李燕北目光又不禁露出一种说也说不出的留恋和伤感。

（24）"女人是过不得五年的。也许明天就成了个老太婆儿啦！"觉得心脏慢慢儿的缩小了下来。"跳哇！"可是累得跳也跳不成了。

三 "V 也 V 不 C" 的语篇分析

通过语篇我们可以进一步分析，为什么在"V 也 V 不 C"中会出现动词的重复。V 的出现有潜在的语境，是说话人潜在的意象图式中的一个基本元素。当说话人要说明一种不能实现的结果，而相关的动作主体又隐含于语境中时，汉语当中会出现动词重复的情况，重动句也是这样的情况。"V 也 V 不 C"构式经常出现于话题链中，用于叙述或者解释。

3.1 语用条件

"V 也 V 不 C"经常出现于微观话题结构中，作为一个独立的标点句存在。所谓的微观话题结构指的是邻近语句对同一个词语的意思或者概念展开说明而形成的结构（宋柔，2013）。

（25）这块硬块把他的心肝五脏拉在一起，扭成一团，搓也搓不开，捶也捶不散，眼看着就要致人死命。

（26）马太伯把法院的通知拿给褚桂芳看的时候，手都发抖："你看，你看看，这不是没有事体找出来的事体，老母亲到法院去告我们虐待，遗弃，不给生活费。什么费不费呀，事情都是你弄出来的，你不让小丹丹去看她，不许小丹丹吃她的东西，老太太伤心了，到法院去告你，叫你吃不了兜着走，说也说不清楚。"

（27）"把弦套在牙根儿上啦，他拿着这头儿。这位算走不了啦。他把这头儿拴桌脚儿上啦，这位两块钱花啦，拴在那儿啦，走也走不了，站也站不起来，蹲也蹲不下，腮帮子离地半尺多高。"

上面的例子中，"V 也 V 不 C"构式都是作为独立的标点句出现在语篇当中的，这种标点句独立存在需要几个条件。

第一，上文提供的语境构成特定的意象图式，在该图式中，某一动作（V）被激活，成为叙述的对象或者话题，而该动作无法实现的结果是小句表达的焦点所在。

第二，动作的发出者（施事）或者对象（受事）隐含在上文中或者在上文中有所体现，独立的"V 也 V 不 C"中施事或者受事无须重复出现。

第三，"V 也 V 不 C"一般距离施事或者受事 1~3 个小句的距离，"V 也 V 不 C"很少出现在一个流水句的第一个小句的位置，大多位于一个话题链的中间或者更后面的位置。

话题推进会话进程，是说话人进行语言选择的结果。"V 也 V 不 C"作为一个标点句既是对某一话题的叙述和说明，第一个 V 也是这个独立的标点句中的次话题。吴为善（2011）将"A 也 A 不到哪里去"中的形容词视为次话题，"V 也 V 不 C"与前者结构相似，对于语境的要求也类似，所以"V 也 V 不 C"中的第一个"V"也可以看成一个次话题。为什么会选择一个动词作为话题链中的一个次话题？事件或者事物所具有的某些方面的特征，可以激活相应的某种"动作域"，再通过动作能否实现某种结果来说明动作或者事件的特征，也正因如此，被激活的动作作为背景信息成为描述对象或者话题。

根据语言适量的准则及经济的原则，语言既要保证提供适量的信息，又要保证简洁易明，在这样的语用要求下，将背景信息与焦点信息融合于一个句子中是最好的选择，所以汉语中出现了大量的动词重复、第二个动词带补语的语言现象。

在语篇构建过程中，说话者根据交际的需要，不断激活相关的认知图式，从而建立相关联的语篇话题图式。话题的确立是一个认知过程，是外在的表达需要与说话者头脑中"内化"的语言结构相互作用的产物。"V 也 V 不 C"也正是在这种机制之下产生的。

3.2 在话题链中的功能

"V 也 V 不 C"出现在特定的语境中，体现了说话者对语境的识解。它在语篇中也体现了特定的功能。

3.2.1 补充说明

在同一个话题链中，多个述语围绕同一个话题展开叙述，即 "T + C_1, C_2 + ……"。话题链中至少有两个标点句对同一个话题进行说明，"V 也 V 不 C" 一般位于后一个标点句中。"V 也 V 不 C" 既是对同一个话题的叙述，又是对前一个标点句的进一步说明。

（28）为了不让顾客着急，徐静云记下了顾客的地址，先把这双鞋拿到厂家换好，然后利用下班时间，冒雨送到了顾客手中。谈起这类事（T），小徐的同伴们都反映太多了（C_1），说也说不完（C_2）。

（29）赵得宝和郭彩娣（T）已经在医务室做了灌肠（C_1），也吃了药（C_2），还是昏迷不醒（C_3），水也不想喝（C_4），叫也叫不应（C_5）。

补充说明又具体体现为递进关系和并列关系。在例（28）中，"这类事"作为一个话题成分，与后面的两个表说明的标点句一起构成一个话题链。C_1 与 C_2 都是对 T 的说明，其中 C_2 又是对 C_1 的进一步说明，体现递进关系。在例（29）中，C_5 是对前 4 个小句的补充说明，又与 C_4 形成并列关系。"V 也 V 不 C" 隐含 "任意义" 或 "周遍义"，用于已然的语境中。上文中我们提出，岳浩然（2012）认为 "怎么 V 也 V 不 C（N）" 是检验 "V 不 C" 的句法槽，在此可作为一个印证，但并不是所有的 "V 也 V 不 C" 中都有这样的周遍意义。"V 也 V 不 C" 具有补充说明功能时，也可能隐含 "欲为义"，用于未然语境。

（30）我的身子似乎被一个无形的大手拖住了，走也走不动。我只希望能有片刻的宁静……片刻的……哪怕只五分钟也好！

3.2.2 解释原因

在同一个话题链中，围绕同一个话题展开叙述，"V 也 V 不 C" 既是对同一个话题的说明，又是对前一个标点句的解释说明。

（31）朱老忠眨巴眨巴眼睛，说："一个耳朵的罐子，抢吧！可是，这一次更要人多点。咱（T）不跟他打官司（C₁），打也打不赢（C₂）。咱这么着吧，一传俩，俩传仨，把养猪户和穷人们都串连起来。村连村，镇连镇，人多势力大，一齐拥上去，砸他个措手不及。拿税？拿个蛋！"

（32）人的真实感情（T）藏也藏不住（C₁），也别去装（C₂），装也装不像（C₃）。情虚意假，即使笑在脸上、甜在嘴上，也还是虚的假的。

在例（31）中，"咱"作为一个话题成分（同时也是句子的主语），与后面的两个表说明的 C₁、C₂ 一起构成一个话题链。C₁ 与 C₂ 都是对 T 的说明，其中 C₂ 又是对 C₁ 的事件原因的解释。C₂ 中的动词隐含"让步假设义"，正因为动词具有假定之义，所以这类"V 也 V 不 C"大多用于未然的语境当中。

在我们搜集的 412 条语料中，补充说明功能与解释原因功能在数量上表现出很大的差异。其中表补充说明的语料有 321 条，占总数的 78%；表解释原因的共有 91 条，占总数的 22%。①

四 结语

汉语中常见的单音节动词，主体能动性强，用法灵活。在"V 也 V 不 C"中，第一个动词具有去范畴化的特点，在语境的作用下，构式体现了特定的语义内涵，相应的"V 也 V 不 C"具有不同的语义类型。

在言语交际过程中，说话者以原有的认知模型为基础，根据交际的需要不断构建和调整话语。当说话者需要表达某一动作不可能达到主体期望的某种结果，且该动作又未曾在上文提及，但动作所具有的概念义与话题或事件存在认知图式上的关联时，说话者往往会采用"V 也 V 不 C"的形式，该结构是对相关话题或者事件的进一步说明或者解释，大多数位于话题链的中间或者末尾。

---

① 在会话结构中，"V 也 V 不 C"不可能处于第一个话轮第一个小句的位置。当"V 也 V 不 C"位于其他话轮的第一个小句的位置时，也具有对上一个话轮补充说明或者解释的功能。

"V 也 V 不 C" 无论是独立成句还是在句中充当某一句法成分，其中间都不能插入其他句法成分，这说明该结构在语言发展过程中已经语法化为一种稳定的构式。

参考文献

巴丹，2011，《"都"与"也"在相关构式中的异同》，上海师范大学硕士学位论文。

曹秀玲，2010，《从主谓结构到话语标记——"我/你 V"的语法化及相关问题》，《汉语学习》第 5 期。

陈鸿瑶，2015，《副词"也"反预期的功能》，《东北师范大学报》第 2 期。

方梅，2005，《认证义谓宾动词的虚化——从谓宾动词到语用标记》，《中国语文》第 6 期。

李华勇，2012，《Vi + NP 构式的认知分析——以去范畴化理论为指导》，《重庆交通大学学报》第 2 期。

刘爱华，2015，《"V 也 V 不 C"结构的句法功能及语义特征》，《鸡西大学学报》第 10 期。

吕叔湘，1980，《现代汉语八百词》，商务印书馆。

彭利贞，2005，《现代汉语情态研究》，复旦大学博士学位论文。

宋柔，2013，《汉语篇章广义话题结构的流水模型》，《中国语文》第 6 期。

杉村博文，2010，《可能补语的语义分析——从汉日语对比的角度》，《世界汉语教学》第 2 期。

史有为，2005，《话题、协同化及话题性》，《语言科学》第 3 期。

王圣博，2008，《试论"V 也/都 VP"的构造特征及其"也""都"的表达功用》，《汉语学习》第 5 期。

王霞，2003，《"V₁也 V₁P"结构的多角度研究》，湖南师范大学硕士学位论文。

吴福祥，2002，《汉语能性述补结构"V 得/不 C"的语法化》，《中国语文》第 1 期。

吴为善，2011，《"A 不到哪里去"的构式解析、话语功能及其成因》，《中国语文》第 4 期。

岳浩然，2012，《现代汉语"V 得/不 C"构式研究》，《第五届现代汉语虚词研究与对外汉语教学学术研讨会论文集》。

张谊生，2000，《现代汉语副词研究》，学林出版社。

Hopper & Thompson. 1984. *The Discourse Basis for Lexical Categories in Universal Grammar. Language.* 60. 4，703 – 752.

The Semantic and Discourse Features of *V ye V bu C*（**V 也 V 不 C**）

Abstract：Verb repetition is a unique and common form in Chinese. The first verb as the topic has the characteristics of de-categorization in *V ye V bu C*. The construction indicates the action or intention of the subject without achieving the expected results. It specifically shows three different meanings，willing to do in vain，supposing to do in vain and intending to do in vain. *V ye V bu C* appears in the middle or at the end of the topic chain，used to add or explain the topic.

Keywords：*V ye V bu C*（V 也 V 不 C）；Decategorization；Counter-anticipation；Topic Chain

作者简介

盖瑞雪　浙江工业大学人文学院讲师，研究领域为现代汉语语法及汉语教学。［ruixuegai@ 126. com］

附缀短语"主要是"的判定、成因及其相关机制

上海师范大学语言研究所　　吕　佩

十堰市车城高级中学　　张　凡

摘　要　附缀短语"主要是"的判定，既需要考虑"是"本身是否会引起句法等相关变化，也需要考虑"主要是"整体的性质特征。附缀"是"的特征在句法、韵律、语义、语用和语音等方面都会有所体现，属于一种接口现象。附缀短语"主要是"产生的动因主要包括后接成分的复杂化和认知心理组块，机制则与分界转移和重新分析有关。

关键词　"是"　附缀短语　附缀化　重新分析

一　引言

附缀（clitic）是一种广泛存在于世界不同类型语言中的现象，涉及语音、韵律、句法、形态和语义等不同层面，属于一种接口现象。附缀是附缀化（cliticization）操作后的产物，汉语中的系词"是"极容易成为一个附缀（刘丹青，2017）。因此，共时层面的"主要是"存在着同形异质的情况。例如[①]：

（1）被盗版的图书主要是畅销的文学作品、通俗读物、介绍生产技术的实用书籍、教材和挂历。（1994年报刊精选）

---

① 感谢《世界华文教学》匿名审稿专家和编辑老师的修改意见。文中不妥之处概由本人负责。本文例句来自北京大学 CCL 现代汉语语料库、北京语言大学 BCC 语料库、媒体语言语料库和人民网，所有例句全部注明出处。

（2）不过那时候我堕落到这种地步，以致不能生活下去，一切都使我觉得可憎……<u>主要是</u>，我憎恶自己，那时候我不吃饭，不洗面……（翻译作品《战争与和平》）

上述两个例句中的"主要是"表层形式相同，实际意义或用法却完全不同。例（1）中，"主要是"前后连接的都是体词性成分，符合石毓智（2005）归纳的判断词"是"的典型公式，"是"可以被否定副词"不"等修饰，且不能省去，"主要"充当状语。例（2）中，"主要是"后接句子，这里的"是"不能被"不"等修饰，且"主要是"整体上可以省去。

查阅相关文献，明确谈到"主要是"的有吕叔湘、朱德熙（2013），董秀芳（2004），吴为善（2006），李宗江、王慧兰（2011），张斌（2013），任纪华（2016）和周焱（2017）等。上述学者基于不同的理论和方法，从多方面对"主要是"进行了分析与研究，其中，对本文启发较大的是张斌（2013）。张斌（2013）从附缀角度出发，分析了包括"主要是"在内的一系列"X是"的相关情况。可惜的是，张文对"主要是"并没有加以详细论述。基于此，我们打算从附缀的角度出发，重点关注类似于例（2）这类"主要是"的语言单位，探讨其中的"是"属于什么成分，有什么样的表现特征，其形成的相关动因和机制是什么。

二　附缀短语"主要是"的判定及其附缀"是"的特征

本节首先讨论附缀短语（clitic group）"主要是"的判定，在此基础上，描写与分析附缀"是"的表现特征。

2.1　附缀短语"主要是"的判定

"主要是"的判定，除了考察整个附缀短语之外，还需要从构成成分"是"出发，对"是"的性质加以判定。我们在判定附缀短语"主要是"时，主要从这两方面着手。

关于附缀的判定，前人与时贤提出了多种标准或原则（具体评述请参阅张斌，2013）。相比较而言，我们更认同刘丹青（2017）"句法从严，语音从宽"的原则，主要出于如下考虑。具有形态曲折变化的语言，如印欧语等西方语言，系词性附缀可以较为明显地从表层形式上观察到，如's、'm、're 等。尽管这些形式并不一定都是附缀，有些可能已经成了词内成分，如's（Lowe，2013），但不可否认的是，这一表层形式能为我们提供一定的参考，方便从附缀的角度出发来考察相关现象。汉语没有严格意义上的形态变化，并且汉语的书写系统即使造成语音上的销蚀磨损也无法在句法表层上显现出来，因此汉语中附缀研究的主要的出发点便是"句法"，即考察其是否较为明显地涉及了语序的变化，结构、方向或层次的错配以及其他对句法结构产生较大影响的变化。

从附缀"是"本身出发，主要看其所依附成分的性质，看其是否造成了句法上的明显变化，如错配等。严艳群（2013）基于类型学的宏观视野，立足于汉语实际情况，归纳了四种不同的错配类型。据实际语料考察和分析，"是"造成的都是句法结构和韵律结构的错配，即方向错配。例如：

（3）他还记得军官和将军们审问他时的好奇心使他十分忧虑，他为寻找马车和马匹而东奔西走，主要是，他还记得在当时他已经没有思索和感觉的能力了。（翻译作品《战争与和平》）

（4）她比安多里尼先生约莫大六十岁，可他们在一起似乎过得挺不错。主要是，他们两个都很有学问，尤其是安多里尼先生。（翻译作品《麦田里的守望者》）

上述两个例句中，"是"句法上与后接的句子关系紧密，而韵律上则与其前的宿主（host）"主要"关系紧密，这样造成了句法结构和韵律结构的方向错配，"是"是一个后附缀（enclitic），"主要是"是附缀短语。

除了附缀"是"本身，还需要分析附缀短语"主要是"整体的句法特征。Zwicky & Pullum（1983）指出，所有的附缀化都属于句法后操作，附缀化之后不再接受句法操作①。除了附缀"是"本身不能接受否定或移位等句法操作之外，整个附缀短语"主要是"也不能接受句法操作。如果"主要是"之间能够插入别的成分，则说明这个"是"还不是附缀，仍属于判

---

① 具体论述请参阅白鸽等（2012）和严艳群（2013）。

断词或副词。试比较：

（5）我是半路残废的，要是一个活生生的人一残废就去死，活着的人可怎么想？小时候，我们村儿里有个人就那么寻了死，活着的人都叹气……主要是，大伙儿对我都不错，我不能做对不起他们的事，让他们说我没良心。（史铁生《夏天的玫瑰》）

（5'）社会学的成果类型，主要不是"学术性的"，而是"实践性的"。（《读书》vol. 178）

（5''）我们城市能拿到的，主要可能是员工的所得税的一部分。（《民企献计上海产业发展》，载 2005 年 5 月 23 日《文汇报》）

例（5'）和例（5''）中，"是"前面出现了否定副词"不"和情态动词"可能"，且"是"的后接成分都是典型的体词性成分，这两个例句中的"是"都是判断词。例（5）中，"主要是"后接句子，"主要"和"是"之间不能插入别的成分，"是"依附于宿主"主要"，是典型的附缀。

附缀"是"不能接受句法操作，整个附缀短语"主要是"也不能进行句法操作，但宿主"主要"可以进行一定的句法操作。也就是说，"主要是"中的"主要"增加修饰语后，不会影响"是"的依附性质，符合附缀所依附的宿主可以杂乱无章的相关要求。试比较：

（6）在兵团中一切都是众所周知的：谁是中尉、谁是大尉、谁是好人，谁是坏人，主要是，什么人是同志。（翻译作品《战争与和平》）

（6'）就杨来说，从脱离海尼森以后的事情还没有一个明确的构想。最主要是因为他本身一直都被激烈的状况所围绕着，在这种状况下，根本不可能会产生什么构想。（翻译作品《银河英雄传说》）

（6''）这是孙承祖他们计划的一方面。更主要是他们昨夜串通好十多名落后的军属、侠属女人，决定今天上午去找江水山，他不承认强奸了桂花——孙俊英几个知道，至死江水山也不会承认——就要整治他，往死里打。（冯德英《迎春花》）

对比上述三个例句，例（6'）中增添修饰语"最"，例（6''）中增添修饰语"更",这些都不会影响"是"的依附性,"是"仍贴附于宿主"主要"。

总之,判定附缀短语"主要是",既要从"是"本身出发,考察其是否引起了一定的句法差异,是否造成了明显的句法变化,又需要考察整个附缀短语"主要是",通过分析附缀短语整体的性质地位,进一步确定其是否是附缀短语。

2.2 附缀"是"的特征

Gerlach & Grijzenhout(2000)指出,附缀涉及语音、韵律、形态和句法等不同层面,是一种接口现象。附缀就是既不能像"正常的"词那样整合进句子,又不能像"正常的"词内成分那样整合进词的那类成分。附缀本质上是语音学上的,但也会带来句法上的相关后果(Anderson,2005)。Zwicky(1994)也强调了附缀的混合特征,认为附缀既像独立词那样能充任句法核心、论元或修饰语,又像词内成分那样必须依附相邻的词。刘丹青(2017)同样认为,附缀是一种广泛存在于人类语言中的语音 – 语法现象。可以肯定地说,附缀不是单纯的某一层面的语言现象,而是语言不同层面的交叉接口现象。

考虑到汉语没有形态变化,以及汉字书写无法反映语音弱化等问题,附缀"是"的表现集中体现在韵律和句法两个方面。但是,结合语法化理论中互有关联的四个机制,即去语义化(或语义漂白)、扩展(或语境泛化)、去范畴化和销蚀(或语音缩减)(Heine & Kuteva,2002)以及 Langacker(1987)、王洪君(2002)、孙景涛(2005)、吴为善(2006)、Nicole Dehé & Katerina Stathi(2016)等的研究成果[①],我们将从韵律、句法、语义和语音等方面对附缀"是"的特征加以描写和分析。

"主要是"中的附缀"是"不是专门附缀(special clitic),而是一般附

---

① Langacker(1987)提到了语音和语义之间的平行关系。吴为善(2006)指出,语法成分在语义虚化的同时伴随着语音形式的弱化,尽管语言的表达形式从书面上看起来还是一个个"等价"的方块字,实际的"语流"听起来却成为一系列"轻""重"成分相间、连缀的"不等式"。王洪君(2002)认为,由两个有调音节(非轻声音节)组成的两字组,是汉语最基本的节奏单元。汉语的轻声音节从不承负强调重音,这也从反面证明了汉语有调音节都是"重"的。孙景涛(2005)提出"义轻则音轻"的原则。Nicole Dehé & Katerina Stathi(2016)指出,尽管语义虚化与语音销蚀存在着先后发生还是同时发生的问题,但有一点值得肯定的是,语义虚化和语音销蚀有一定的关联性。

缀（simple clitic），表现为在特定的语境中，"是"语音上依附，脱离此临时语境，"是"则可以恢复自身的词性，恢复原调，负载逻辑重音。附缀"是"的语音会发生弱化①，主要是跟语义有关，是语义漂白造成的。而"是"的语义的丧失，又跟句法结构的变化有很大关系，是由"是"后接成分的复杂化导致的（具体分析见下文），使得"是"的语义和功能悬空，进而句法结构发生了一定的变化。句法结构的变化，与韵律结构也有很大关系，这使得附缀"是"与其前面的宿主"主要"组成一个韵律单位。这样看来，附缀"是"的表现特征与句法、韵律、语义、语用和语音都有关系。

语音上，附缀"是"弱化轻读，没有逻辑重音。韵律上，"是"失去了独立性，韵律不自足，与其前面的宿主"主要"构成韵律单位。句法上，脱离了临时语境，"是"仍保持着独立的词性，或者是判断词，或者是副词。但随着"是"附缀化程度的增强，典型的句法功能发生了变化，句法结构与韵律结构发生错配。附缀和宿主之间一般不能插入别的成分，也不能进行否定或移位等句法操作。语义上，"是"的判断义或强调义发生漂白。语用上，判断功用和标记功能弱化，甚至消失，但系连功能仍有所保留，可以后接小句或句子。

三　附缀短语"主要是"的成因与机制

附缀短语"主要是"的产生动因主要与后接成分的复杂化和认知心理组块有关，相关机制则包括分界转移和重新分析。

3.1　附缀短语"主要是"的成因

3.1.1　"是"后接成分的复杂化

在线性紧邻的句法位置上，当某个成分发生变化，特别是具有直接句法语义关系的紧邻成分发生变化时，紧邻共现的成分有可能也会随之发生相应的变化。附缀化主要是由句法复杂化导致的，Anderson（2005）也持有

---

① 关于语法化（附缀化是语法化的一个阶段）过程中，语音是弱化、保持还是强化，不同学者有不同的看法。考虑到语法化过程可能会涉及成分的缩减（如"非 X 不可"中，"不可"的省缩）等复杂因素，我们不打算就此展开论述，倾向于认为随着语义的漂白，语音也会发生磨损弱化。

类似的观点,认为附缀化仅仅发生在相关句法成分复杂化的情况下。附缀"是"的形成,影响因素之一就在于其后接成分(下文用"Y"表示)的复杂化。

如果后接成分"Y"始终是一个简单的体词性成分,"是"有自身的逻辑重音,意义实在,那么"是"只能理解为判断词,整个句子的语义重心或信息焦点自然落在谓语部分"是Y"上,符合"尾焦原则"(张伯江、方梅,1996),此时的"是"不会发展成为附缀。例如:

(7)收养中心的犬只,<u>主要是</u>市区及五县两区的流浪犬,也有少部分是群众送过来的。(《流浪犬问题急切待解》,载 2018 年 6 月 15 日《人民日报》第 15 版)

(8)高等学校的管理工作,<u>主要是</u>人的教育管理工作。(BCC·科技文献)

上述例句中"是"后接的都是体词性成分,这里的"是"有逻辑重音,且不能省去,只能分析为判断词,与后接成分之间的结构及语义关系最为紧密。

当后接成分"Y"由体词性成分扩展为句子(包括单句、复句或句群)或谓词性小句,且句中没有显性的对比语境或强调语境时,整个结构的重心转移到了句子或小句上,"是"的语义重心地位也随之发生了降级,不再具有标记信息焦点的地位,同时语音上也发生了弱化,需要依附于一定的单位,这点符合端木三(2007)提出的"信息-重音原则",即在其他条件相同的情况下,语言中表达次要信息的内容倾向于读得轻些并容易脱落。例如:

(9)到第二天,虽说她心慌意乱,还是带着微笑听我说话了。……<u>主要是</u>,在整个这段时间里,在这整整五天中,她心慌神乱,要不就是满面羞惭。(翻译作品《性格温和的女人》)

(10)过了一个时期,你就会心里有数,知道像你这样尺寸的头脑应该具有什么类型的思想。<u>主要是</u>,这可以让你节省不少时间,免得你去瞎试一些对你不合适、不贴切的思想。(翻译作品

《麦田里的守望者》）

上述两个例句中，"主要是"后接句子，且没有明确的强调或对比语境，这里的"是"不再承载语义重心，随着语义的弱化，语音也弱化了，依附于宿主"主要"。

3.1.2 认知心理组块

人类的知识储备通常是以"组块"的形式来记忆和存储的，并非单个的记忆（陆丙甫，2010）。附缀短语"主要是"的形成，与认知心理组块也有很大的关系。

单音节附缀"是"具有一定的粘附性，需要与前面的成分"主要"进行"组块"，如果脱离这种语境，"是"仍属于判断词或副词。例如：

（11）一哥们喝酒，喝高了直接扭头往左边吐，我顺势灵巧地一闪避过了，正暗自得意，结果发现他吐在我挂在椅背上的棉衣的袖子上了，主要是，我的棉衣还是白色的。（BCC·微博）

（11'）许子东：长得丑你就不惋惜呀。

窦文涛：都惋惜，这个女孩子叫谭静，主要是，到现在你知道好多人还不信呢，就是警方做结论，说是高坠而死。（2008年4月26日《锵锵三人行》）

董秀芳（2011）认为，心理的组块过程把经常相连出现的两个分立单位组织在一起，这样二者就有可能逐渐变为一个不可再分的单位，心理上的组块过程使得原来分立的单位变得相互依赖。随着"主要是"用频的增多，"主要是"后会加以停顿，反映到书面语就是用标点符号加以标记。例如：

（12）尽管对逐一解释感到不耐，[但是]① 玛琼琳仍然出言回答，主要是，若是未让对方明确了解整个状况，[那么] 说再多都是鸡同鸭讲。（翻译作品《灼眼的夏娜》）

---

① 例句中没有，笔者添上去的成分，用方括号"[ ]"表示。

（13）那个马德里大学的教授比起这一位美国老师来，在气势上就不知要好多少。<u>主要是</u>，那个美国老师，把教书当成一种职业，对于艺术的爱之如狂，在她生命中一点也没看见。（三毛《我的宝贝》）

例（12）中，"主要是"衔接的是两个复句。例（13）中，"主要是"的后接成分是一个句组。句法结构上，"是"与后接成分关系更紧密，但心理上的"组块"并不都跟句法结构相互一致。由于"主要是"的后接成分不论在句法上还是语义上都复杂化了，为了更好地处理信息，通常会把"主要是"在认知上"组块"，"主要是"成为一个附缀短语。

3.2 附缀短语"主要是"的形成机制

3.2.1 分界转移

张谊生（2016）指出，分界改变包括分界消失、分界转移和分界形成三个方面。其中，与附缀"是"的形成较为紧密的是分界转移。

当"主要是"的后接成分是体词性成分"Y"时，不论是句法上还是语义上，抑或是韵律上，"主要是 Y"的句法结构与韵律结构都具有很强的一致性，切分为"主要//·是/Y"①。"是"与后接成分之间的关系更为紧密，这样的话，"主要是"不会在心理上"组块"，"是 Y"信息组块，"是"也不会成为附缀。例如：

（14）从太空俯瞰地球，它像是一颗五彩缤纷的玻璃球，<u>主要是蓝色</u>。（1994 年报刊精选）
（15）许多洋行都成立起来，<u>主要是法国的洋行</u>。（1994 年报刊精选）

上述两个例句中，"是蓝色""是法国的洋行"是谓语，同时也是信息块，划线句的切分应该是"主要//·是/蓝色"和"主要//·是/法国的洋行"。

当"是"的后接成分复杂化后，如果不停顿，句子就显得非常累赘。

---

① 斜线表示句法结构的切分，且斜线数量的多少与成分之间语义距离的远近成正比，即斜线越多，成分之间的句法与语义关系越远。小圆点切分开的单位，表示的是一个韵律单位。下同。

人们理解时，更倾向于把"主要是"加以"组块"。这样，单音节的"是"会向前面的"主要"靠拢，语音上依附于前面的宿主，构成一个"语块"，导致"主要是Y"的句法结构与韵律结构之间形成了错配，分界发生了转移："主要∥是·/Y"。例如：

（16）做完了豆腐，我去洗刷，脸盆中的清水里，出现了一个陌生的影子，只有一个，那当然是我的，可是我不认识！主要是，头的形状变化了。（余少镭《现代聊斋》）

（17）只要天气好，我父母常常送一束花去搁在老艾里的坟墓上。我跟着他们去了一两次，以后就不去了。主要是，我不高兴看见他躺在那个混账公墓里。（翻译作品《麦田里的守望者》）

例（16）和例（17）中，"主要是"后接的都是一个单句，"结果是"进行"组块"，句法结构与韵律结构发生错配，分界发生了转移。

总之，由于分界发生了转移，"是"语音上需要依附于前面的宿主"主要"，失去了独立性，造成句法结构和韵律结构的错配。

3.2.2 重新分析

"Y"是体词性成分，"主要是Y"只能分析为"述－宾"结构，此时属于无标记用法。其中，"是"是判断词，"是Y"是谓语，也是信息焦点和语义重心，如例（14）和（15）。

"Y"由体词性成分扩展为小句或句子时，语义重心后移到"Y"上，"是"也不再负有重心。随着小句或句子充当"Y"用例的增多，"主要是"的固化程度更高了，此时的"主要是Y"在表层形式上没有发生明显的变化，实际上已经发生了重新分析，由"主要∥·是/Y"重新分析为"主要∥是/·Y"，除了整个句法结构和韵律结构发生了重新分析之外，"是"也发生了重新分析，理解为附缀。

综上所述，附缀短语"主要是"在特定的句法语义条件下，因韵律驱动而发生句法和韵律的某种不同步，附缀"是"表现出不同于"正常的"词却类似词缀的某些特征。共时层面，附缀"是"的句法地位介于判断词/副词与词内成分之间；历时层面，附缀经常充当判断词/副词语法化为词内成分或零形式的中间环节。

四 结语

附缀短语 "主要是" 的判定，基于 "句法从严，语音从宽" 的原则，既需要考察 "是" 是否会引起错配等相关的句法变化，也需要考虑 "主要是" 整体的性质特征，考虑其能否接受一定的句法操作。附缀属于附缀化的产物，附缀 "是" 的特征，在句法、韵律、语义、语用和语音等方面都会有所体现，属于一种接口现象。附缀短语 "主要是" 产生的动因主要与后接成分的复杂化和认知心理组块有关，相关机制则包括分界转移和重新分析。

参考文献

白鸽、刘丹青、王芳、严艳群，2012，《北京话代词 "人" 的前附缀化——兼及 "人" 的附缀化在其他方言中的平行表现》，《语言科学》第 4 期。

董秀芳，2004，《"是" 的进一步语法化：由虚词到词内成分》，《当代语言学》第 1 期。

董秀芳，2011，《词汇化：汉语双音词的衍生与发展（修订本）》，商务印书馆。

端木三，2007，《重音、信息和语言的分类》，《语言科学》第 5 期。

李宗江、王慧兰，2011，《汉语新虚词》，上海教育出版社。

刘丹青，2017，《语法研究调查手册（第二版）》，上海教育出版社。

陆丙甫，2010，《汉语的认知心理研究》，商务印书馆。

吕叔湘、朱德熙，2013，《语法修辞讲话》，商务印书馆。

任纪华，2016，《试论话语标记 "主要是" 的语法化》，《佳木斯职业学院学报》第 6 期。

石毓智，2005，《论判断、焦点、强调与对比之关系》，《语言研究》第 4 期。

孙景涛，2005，《论 "一音一义"》，《语言学论丛》第 31 辑。

王洪君，2002，《普通话中节律边界与节律模式、语法、语用的关联》，《语言学论丛》（第 26 辑）。

吴为善，2006，《汉语韵律句法探索》，学林出版社。

严艳群，2013，《汉语中的附缀：语言类型学视角》，中国社会科学院研究生院博士学位论文。

张斌，2013，《现代汉语附缀研究》，上海师范大学博士学位论文。

张伯江、方梅，1996，《汉语功能语法研究》，江西教育出版社。

张谊生，2010，《从错配到脱落：附缀"于"的零形化后果与形容词、动词的及物化》，《中国语文》第 2 期。

张谊生，2016，《试论语法化的动因和机制》，《历史语言学研究》第 10 辑。

周焱，2017，《释因连接成分"主要是"及其词汇化倾向》，《宁夏大学学报》（人文社会科学版）第 5 期。

Anderson，S. R. . 2005. *Aspects of the Theory of Clitics*. Oxford：Oxford University Press.

Dehé，Nicole & Stathi，Katerina. 2016. *Grammaticalization and prosody：The case of English sort/kind/type of constructions*. Language，（92）.

Gerlach，B. & Grijzenhout，J. . 2000. *Clitics from different perspectives*. In Gerlach，B. & Grijzenhout，J. （ed. ）：*Clitics in Phonology，Morphology and Syntax*，Amsterdam/Philadelphia：John Benjamins Publishing Company.

Heine，B & Kuteva，T. . 2002. *World Lexicon of Grammaticalization*. Cambridge：Cambridge University Press.

Langacker，R. W. . 1987. *Foundations of Cognitive Grammar （volume 1）*. Stanford：Stanford University Press.

Lowe，J. J. . 2013. *English possessive's：clitic and affix*. Natural Language & Linguistic Theory，（1）.

Zwicky，A. M. & Pullum，G. K. . 1983. *Cliticization vs. Inflection：English n't*. Language，（59）.

Zwicky，A. M. . 1994. *What is a clitic?* In Nevis，J. A. ，Joseph，B. D. ，Wanner，D. & Zwicky，A. M. （ed. ）：*Clitics：A Comprehensive Bibliography，1892 – 1991*，Amsterdam/Philadelphia：John Benjamins Publishing Company.

The Criterion，Motivation and Relevant Mechanism of Clitic Phrase *Zhuyaoshi*（主要是）

Abstract：The criterion of clitic phrase *zhuyaoshi*（主要是）needs to consider the clitic *shi*（是），which will cause syntactic changes，as well as the property features of the clitic phrase as a whole. The clitic *shi* is an interface feature reflected in syntactic, prosodic, semantic and phonetic aspects. The relevant motivations include the complexity of components and the cognitive chunking. The mechanisms are related to the boundary-shift and re-analysis.

Keywords：*Shi*（是）；Clitic Group；Cliticization；Re-analysis

作者简介

吕佩　上海师范大学博士研究生，研究方向为现代汉语语法。［lvpei123 123@163.com］

张凡　十堰市车城高级中学语文教师，研究方向为高中语文教学和语法。

汉外对比研究

汉语起始体标记"起来"在越南语中的对应形式*

胡志明市银行大学外语系　刘汉武

北京师范大学汉语文化学院　丁崇明

摘　要　"起来"是汉语起始体标记，用在动态动词后，表示动作、行为的起始，用在静态动词（形容词）后，表示开始进入某种静态。起始体标记"起来"在越南语中有多种对应形式。一般情况下越南语用零形式来表示汉语起始体标记"起来"。当谓词的词类不同、语义类型不同时，越南语还会在谓词前加上"bắt đầu"（开始）、"trở nên"（成为），或在谓词后加上"lên"（上）、"ra"（出）、"đến"（到）、"về"（回）、"hơn"（比）、"trở lại"（回来）来表达汉语起始体标记"起来"。当"开始"与"起来"共现，构成"开始+谓词+起来"格式时，越南语用零形式来表示该格式中的起始体标记"起来"。

关键词　汉语　越南语　起始体　"起来"　对应形式

一　引言

起始体（inchoative）是对事件处于起始阶段观察的反映。它反映了观察者对时间进程中的事件的观察，着眼于事件的起始阶段，侧重于表示动作、行为的起始或情状变化的开始，就整个事件而言，则是指处于起始阶段或状态并将持续下去的事件（乔全生、崔淑慧，2000）。

---

*　基金项目：国家社科基金项目"外国学生汉语体貌成分习得研究"（项目编号：13BYY093）、福建省社会科学规划项目"华裔学习者汉语词汇知识系统发展过程及其认知机制实证研究"（项目编号：FJ2017C086）。

吕叔湘（1942）、王力（1944）、张秀（1957）、赵元任（1968）的研究都涉及这一问题，虽然说法不尽相同，但都认为轻声的"起来"是起始体的标记。它用在动态动词后，表示动作、行为的起始，用在静态动词（形容词）后，表示开始进入某种静态（戴耀晶，1997）。吴洁敏（1984），刘月华（1998），贺阳（2004），齐沪扬、曾传禄（2009）将谓词后的"起来"分成几种语义类型，起始义是其中一种。有些学者还分析了表示起始义的"开始V"和"V起来"的异同（陈明舒，2010），探讨了表示起始义的趋向补语"起来"和"起……来"的关系（宋文辉，2012），讨论了起始体标记"起来"和"上"的不同（顾倩，2014）等。

汉语和越南语都是孤立语，优势语序基本相同。汉语中既有表达体意义的词语，又有表达体意义的类似形态的手段——虚化的一些特定的词语。越南语则不同，其体的意义主要使用词语形式来表达，而较少使用形态形式来表达。汉语起始体标记"起来"在越南语中是如何表达的？目前为止还没有人对此问题进行研究。因此，有必要对汉语起始体标记"起来"在越南语中的对应形式进行深入系统的研究。

二 语料来源及处理方法

我们以王朔《看上去很美》、王朔《千万别把我当人》、王蒙《青狐》、海岩《永不瞑目》、余华《在细雨中呼喊》（共约101万字）及其越译本为对比语料，对语料按以下步骤进行处理及分析。

第一步，使用HyConc（v3.9.8版）语料处理软件进行检索。因为"起来"是离合词，所以如果以"起来"为检索词，HyConc软件只能检索到它合用的情况，检索不到它离用的情况。因此，我们以"起"和"来"共现为检索条件，共找到1108条"起"和"来"共现的用例。

第二步，"起"和"来"共现时有多种情况：有的是动词"起来""起得/不来"，有的是位于谓词后的"起来""起……来"，有的是位于谓词后的"得/不＋起来"，又有的类似于"'起'码也得等咱们的投资全收回'来'"中的"起……来"的情况。因为起始体标记"起来"是直接置于谓词之后的，所以需要人工删除不直接置于谓词后的情况，结果找到957条用例。

第三步，直接位于谓词后的“起来”并非全是起始义。换言之，就是直接位于谓词后的“起来”有的是起始体标记，有的不是。因此，我们人工删除非起始体标记的情况，共找到 544 条起始体标记“起来”的用例。

第四步，根据谓词的词性进行分类。其中，谓词为动词的用例有 436 条，谓词为形容词的用例有 108 条。

第五步，根据上述小说的越译本找出汉语起始体标记“起来”的越南语对应情况，然后分门别类进行分析。

三 动词后起始体标记“起来”在越南语中的对应形式

通过考察，动词后起始体标记“起来”在越南语中有 7 种对应形式：一是仅出现谓语动词“V”，起始体标记为零形式；二是“V + lên”（V + 上）；三是“bắt đầu + V”（开始 + V）；四是“V + ra”（V + 出）；五是“V + đến”（V + 到）；六是“V + về”（V + 回）；七是“trở nên + V”（成为 + V）。具体情况见表 1。

表 1 动词后起始体标记“起来”在越南语中的对应形式及其出现频率

	V	V + lên	bắt đầu + V	V + ra	V + đến	V + về	trở nên + V
频次（条）	278	108	15	14	7	7	7
频率	63.8%	24.8%	3.4%	3.2%	1.6%	1.6%	1.6%

进一步对动词的语义类型进行划分，我们发现越南语会用不同的形式来对应置于不同语义类型的动词后边的起始体标记“起来”，详见表 2。

表 2 不同语义类型的动词后起始体标记“起来”在越南语中的对应情况

动词类型	共	V	V + lên	bắt đầu + V	V + ra	V + đến	V + về	trở nên + V
与语言有关的动作动词，一般也有声音（如：说、讲、谈、念……）	64 条 100%	44 条 68.8%	1 条 1.6%	—	5 条 7.8%	7 条 10.9%	7 条 10.9%	—

续表

动词类型	共	V	V + lên	bắt đầu + V	V + ra	V + đến	V + về	trở nên + V
与躯体、肢体运动，心脏跳动，血液流动有关的动词（如：走、跑、检查……）	128 条	74 条	27 条	15 条	9 条	—	—	3 条
	100%	57.8%	21.1%	11.7%	7.1%	—	—	2.3%
表示人或物的喊叫、哭笑类动作的动词（如：喊、叫、哭、笑……）	128 条	71 条	57 条	—	—	—	—	—
	100%	55.5%	44.5%	—	—	—	—	—
表示思维、心理活动的动词（如：想、沉思、考虑、回忆……）	37 条	27 条	6 条	—	—	—	—	4 条
	100%	73%	16.2%	—	—	—	—	10.8%
表示由不止一个动作完成的动作行为动词（如：穿、脱、打、找……）	79 条	62 条	17 条	—	—	—	—	—
	100%	78.5%	21.5%	—	—	—	—	—

（一）越南语用零形式来对应

表 1 显示，"V" 是出现频率最高的对应形式。可见，越南语中绝大多数情况下与汉语起始体标记"起来"对应的最为优选的形式就是仅用某一个动词，不需要在动词后或者动词前加任何语言形式，即用零形式表示起始体的语法意义。

从表 2 可知，不管动词属于哪种语义类型，越南语都会优先使用零形式来对应汉语起始体标记"起来"，其占比高于其他对应形式。例如：

（1）一向沉默寡言的苏宇突然用一种平静的声音说起来。

Tô Vũ luôn ít nói đột nhiên <u>nói</u> với một giọng bình tĩnh .

苏宇　常　少　说　突然　说　与　一　声音　平静

（2）我感到她的目光和我的身体一起<u>颤抖起来</u>。

Tôi cảm thấy ánh mắt của cô và thân thể mình cùng run rẩy.

我　觉得　目光　的　她　和　身体　自己　一起　颤抖

（3）于是鲁鲁也哭了起来。

Thế là Lỗ Lỗ cũng khóc.

于是　鲁鲁　也　哭

（4）他走到了一棵布满雨水的树下，突然沉思起来。

Nó đi đến dưới một cây đầy nước mưa, đột nhiên trầm tư.

他　走　到　下　一　树　满　雨水　突然　沉思

（5）他们听了一个在解放区流行起来的"搞"字也会痛心疾首。

Họ nghe thấy từ "làm" lưu hành trong vùng giải phóng mà đau lòng nhức óc.

他们　听见　词　搞　流行　里　解放区　而　痛心疾首

例（1）的动词"说"是与语言有关的动作动词（一般也有声音）；例（2）的动词"颤抖"是与躯体、肢体运动，心脏跳动，血液流动有关的动词；例（3）的动词"哭"是表示人或物的喊叫、哭笑类动作的动词；例（4）的动词"沉思"是表示思维、心理活动的动词；例（5）的动词"流行"是表示由不止一个动作完成的动作行为动词。越南语直接用动词"nói"（说）、"run rẩy"（颤抖）、"khóc"（哭）、"trầm tư"（沉思）、"lưu hành"（流行）来对应汉语"说起来""颤抖起来""哭起来""沉思起来""流行起来"。

（二）越南语用"V + lên"（V + 上）来对应

越南语趋向动词"lên"（上）的多个用法中有一个是用在动词后，表示动作的从少到多、从无到有（Viện Ngôn ngữ học，2016）。可见，"lên"（上）具有"起始"的语义特征。不管动词属于哪种语义类型，越南语都可以在动词之后加上趋向动词"lên"（上）来对应汉语起始体标记"起来"（见表2）。例如：

（6）自言自语地骂了起来。
Chửi lên hừi mình.
骂　上　自己

（7）白有光更是气得**哆嗦起来**了。

Bạch Hữu Quang càng tức <u>run lên</u>.

　白有光　　　更气　哆嗦上

（8）青狐快意地**笑了起来**。

Thanh Hồ khoái chí <u>cười lên</u>.

青狐　　　快感　　　笑上

（9）他**振奋起来**。

Anh ấy <u>phấn chấn lên</u>.

　他　　振奋　　上

（10）这多少年了也没**搞起来**。

Bao nhiêu năm nay cũng không <u>làm lên</u>.

　多少　　年 这 也 没 搞 上

例（6）的动词"骂"是表示与语言有关的动作（一般也有声音）；例（7）的动词"哆嗦"是与躯体、肢体运动，心脏跳动，血液流动有关的动词；例（8）的动词"笑"是表示人或物的喊叫、哭笑类动作的动词；例（9）的动词"振奋"是表示思维、心理活动的动词；例（10）的动词"搞"是表示由不止一个动作完成的动作行为动词。越南语在动词"chửi"（骂）、"run"（哆嗦）、"cười"（笑）、"phấn chấn"（振奋）、"làm"（搞）之后加上趋向动词"lên"（上）来对应汉语"骂起来""哆嗦起来""笑起来""振奋起来""搞起来"。

（三）越南语用"bắt đầu + V"（开始 + V）来对应

越南语动词"bắt đầu"（开始）的意思是进入某一工作、过程、状态的第一阶段（Viện Ngôn ngữ học，2016），相当于汉语的"开始"。"bắt đầu"（开始）和"开始"都具有实实在在的词汇意义，都可以为其后动词所表示的动作行为明确地划定一个起点。当动词为表示人体动作的动词时，越南语有时会在动词前加上动词"bắt đầu"（开始）来表达汉语起始体标记"起来"（见表2）。例如：

（11）刘顺明在屋里来回**走动起来**。

Lưu Thuận Minh <u>bắt đầu đi</u> qua <u>đi</u> lại trong phòng.

刘顺明　　　　开始　来回走动　里　屋

（12）他从床上挣扎起来。

Nó <u>bắt đầu giãy giụa</u> trên giường .

他　开始　　挣扎　上　床

例（11）的动词"走动"和例（12）的动词"挣扎"都是与躯体、肢体运动，心脏跳动，血液流动有关的动词。越南语在动词"đi"（走动）、"giãy giụa"（挣扎）之前加上动词"bắt đầu"（开始）来对应汉语的"走动起来""挣扎起来"。

（四）越南语用"V + ra"（V + 出）来对应

越南语趋向动词"ra"（出）用在动词后，表示动作的方向由里到外、由窄到宽、由无到有（Viện Ngôn ngữ học，2016）。当动词为与语言有关的动作动词（一般也有声音），与躯体、肢体运动，心脏跳动，血液流动有关的动词时，越南语有时会在动词之后加上趋向动词"ra"（出）来对应汉语起始体标记"起来"（见表2）。例如：

（13）<u>说起来</u>居然这么头头是道。

<u>Nói ra</u> lại có ly.

说 出 又有理

（14）不过<u>听起来</u>怎么像讽刺？

Nhưng <u>nghe ra</u> sao giống châm chọc ?

不过 听 出 怎么 像 讽刺

例（13）的动词"说"是与语言有关的动作动词（一般也有声音），例（14）的动词"听"是与语言有关的动作动词。越南语在动词"nói"（说）、"nghe"（听）之后加上趋向动词"ra"（出）来对应汉语"说起来""听起来"。

（五）越南语用"V + đến"（V + 到）来对应

越南语介词"đến"（到）用在动词后，表示将要提出的事物是所提到的动作的具体对象或方向（Viện Ngôn ngữ học，2016）。当动词为与语言有关的动作动词（一般也有声音）时，越南语有时会在动词后加上介词"đến"（到）来对应汉语起始体标记"起来"（见表2）。例如：

（15）张银波谈起《阿珍》来了。

Trương Ngan Ba nói đến "A Tran".

　　张银波　　谈　到　阿珍

（16）提起他来还有点像一个圣徒、一个烈士、一尊庄严的石像。

Nhắc đến nó còn có chút giống một thánh đồ，một liệt sĩ

提　到　他还有　一点　像　一　圣徒　　一　烈士

một tượng đá trang nghiêm.

　一　　石像　庄严

例（15）的动词"谈"和例（16）的动词"提"都是与语言有关的动作动词（一般也有声音）。越南语在动词"nói"（谈）、"nhắc"（提）之后加上介词"đến"（到）来对应汉语"谈起来""提起来"。

（六）越南语用"trở nên + V"（成为 + V）来对应

越南语动词"trở nên"（成为）表示转到其他状态（Viện Ngôn ngữ học，2016），具有"起始"语义特征。当动词为表示与躯体、肢体运动，心脏跳动，血液流动有关的动词，表示思维、心理活动的动词时，越南语有时会将"trở nên"（成为）加在动词前来表达汉语起始体标记"起来"（见表2）。例如：

（17）声音也抖起来。

Âm thanh cũng trở nên run rẩy.

声音　也　成为　抖

（18）立即害怕起来。

Lập tức trở nên sợ hãi .

立即　成为　害怕

例（17）的动词"抖"是表示与躯体、肢体运动，心脏跳动，血液流动有关的动词，例（18）的动词"害怕"是表示思维、心理活动的动词。越南语在动词"run rẩy"（抖）、"sợ hãi"（害怕）之前加上"trở nên"（成为）来对应汉语的"抖起来""害怕起来"。

（七）越南语用"V + về"（V + 回）来对应

越南语介词"về"（回）表示动作行为所提到的对象或事物的范围（Hoàng Trọng Phiến，2008）。当动词为与语言有关的动作动词（一般也有声音）时，越南语有时会在动词后加上介词"về"（回）来对应汉语起始体标记"起来"（见表 2）。例如：

（19）他又说起雪山来了。

Anh lại nói về Tuyết Sơn .

他　又　说回　雪山

（20）这两个人讲起马列主义来。

Hai người này nói về chủ nghĩa Mác-Lê.

两　人　这　讲　回　马列主义

例（19）的动词"说"和例（20）的动词"讲"都是与语言有关的动作动词。越南语在动词"nói"（说）、"nói"（讲）之后加上"về"（回）来对应汉语的"说起来""讲起来"。

四　形容词后的起始体标记"起来"在越南语中的对应形式

通过考察，形容词后的起始体标记"起来"在越南语中有 6 种对应形式：一是仅出现谓语形容词"Adj"，起始体标记为零形式；二是"trở nên + Adj"（成为 + Adj）；三是"Adj + lên"（Adj + 上）；四是"Adj + hơn"（Adj +

比）；五是"Adj + trở lại"（Adj + 回来）；六是"bắt đầu + Adj"（开始 + Adj）。具体情况见表3。

表 3　形容词后的起始体标记"起来"在越南语中的对应形式及其出现频率

	Adj	trở nên + Adj	Adj + lên	Adj + hơn	Adj + trở lại	bắt đầu + Adj
频次（条）	47	32	14	8	5	2
频率	43.5%	29.6%	13%	7.4%	4.6%	1.9%

　　进一步对形容词的语义类型进行划分，我们发现越南语会用不同的形式来对应置于不同语义类型的形容词后边的起始体标记"起来"，详见表4。

表 4　不同语义类型的形容词后的起始体标记"起来"在越南语中的对应情况

形容词类型	共	Adj	trở nên + Adj	Adj + lên	Adj + hơn	Adj + trở lại	bắt đầu + Adj
表示积极义的心理形容词（如：快乐、高兴、兴奋、振作……）	22 条	10 条	7 条	3 条	—	2 条	—
	100%	31.4%	21.9%	9.4%	—	6.3%	—
表示消极义的心理形容词（如：恐惧、不安、寂寞、焦急……）	15 条	10 条	4 条	1 条	—	—	—
	100%	66.7%	26.7%	6.6%	—	—	—
表示积极义的非心理形容词（如：富、美丽、清晰、活跃……）	52 条	15 条	18 条	8 条	8 条	3 条	—
	100%	28.9%	34.6%	15.4%	15.4%	5.7%	—
表示消极义的非心理形容词（如：暗淡、忙乱、沉闷、寂静……）	19 条	12 条	3 条	2 条	—	—	2 条
	100%	63.2%	15.8%	10.5%	—	—	10.5%

（一）越南语用零形式来对应

　　表3显示，"Adj"是出现频率最高的对应形式。可见，越南语中大多

数情况下与汉语起始体标记"起来"对应的最为优选的形式就是仅用某一
个形容词,不需要在形容词之后或者形容词之前加任何语言形式,就是用
零形式表示起始体的语法意义。不管形容词属于哪种语义类型,越南语都
可以用零形式来对应汉语起始体标记"起来"(见表4)。例如:

(21) 庆春没有马上兴奋起来。
Khánh Xuan chưa vui ngay.
　　 庆春　　没 兴奋 马上
(22) 钱文紧张起来。
Tiền Văn lo lắng.
　 钱文　紧张
(23) 现在讲的是文明礼貌,客客气气,先富起来。
Bây giờ phải nói văn minh lịch sự, khách khách khí khí,
　 现在 要 讲 文明 礼貌　　 客客气气
trước tiên làm giàu.
　 首先 做 富
(24) 清理场地、测光、布灯,有条不紊地忙起来。
Dọn dẹp hiện trường, kiểm tra ánh sáng, bố trí đèn,
　 清理　 现场　　 检查　 光　　 布置 灯
bận rộn đâu ra đấy.
　 忙　 有条不紊

例(21)的形容词"兴奋"是表示积极义的心理形容词,例(22)的形容
词"紧张"是表示消极义的心理形容词,例(23)的形容词"富"是表示
积极义的非心理形容词,例(24)的形容词"忙"是表示消极义的非心理
形容词。越南语直接用形容词"vui"(兴奋)、"lo lắng"(紧张)、"giàu"
(富)、"bận rộn"(忙)来对应汉语的"兴奋起来""紧张起来""富起来"
"忙起来"。

(二) 越南语用"trở nên + Adj"(成为 + Adj) 来对应

表3显示,"trở nên + Adj"(成为 + Adj)是汉语起始体标记"起来"

对应的第二个优选的形式。动词"trở nên"（成为）和置于谓词之后的"起来"都具有"起始"的语义特征。不管形容词属于哪种语义类型，越南语都可以在形容词之前加上"trở nên"（成为）来表达汉语起始体标记"起来"（见表4）。例如：

（25）他兴奋起来。

Anh ấy trở nên hưng phấn.

他　　成为　兴奋

（26）他都会突然慌乱起来。

Nó cũng sẽ bỗng nhiên trở nên hoảng loạn.

他　也　会　突然　　成为　慌乱

（27）肖童那时心里突然清楚起来。

Trong lòng Tiêu Đồng khi ấy bỗng trở nên rõ ràng.

里　心　肖童　那时　突然　　成为　清楚

（28）一时间指挥中心忙乱起来。

Ngay lập tức trung tâm chỉ huy trở nên bận túi bụi.

一时间　中心　指挥　成为　忙乱

例（25）的形容词"兴奋"是表示积极义的心理形容词，例（26）的形容词"慌乱"是表示消极义的心理形容词，例（27）的形容词"清楚"是表示积极义的非心理形容词，例（28）的形容词"忙乱"是表示消极义的非心理形容词。越南语在形容词"hưng phấn"（兴奋）、"hoảng loạn"（慌乱）、"rõ ràng"（清楚）、"bận túi bụi"（忙乱）之前加上"trở nên"（成为）来对应汉语的"兴奋起来""慌乱起来""清楚起来""忙乱起来"。

（三）越南语用"Adj + lên"（Adj + 上）来对应

越南语趋向动词"lên"（上）除了用在动词后外，还可以用在形容词后，表示某种性质的从少到多、从无到有（Viện Ngôn ngữ học，2016）。可见，"lên"（上）具有起始义。不管形容词属于哪种语义类型，越南语都会在形容词之后加上趋向动词"lên"（上）来对应汉语起始体标记"起来"（见表4）。例如：

（29）斗争才能让人们警醒起来、兴奋起来。

Đấu tranh mới có thể khiến người ta tỉnh ra, vui lên.

　　斗争　　才能　让人们　醒出　兴奋上

（30）社会气氛就紧张起来。

Không khí xã hội cũng căng thẳng lên.

　　气氛　社会　也　　紧张　上

（31）我看到苏宇的脸一下子明亮起来。

Tôi nhìn thấy mặt Tô Vũ bỗng sáng lên.

我　看见　脸苏宇一下　明亮上

（32）于是先乱起来。

Thế là loạn lên trước.

于是　乱　上　先

例（29）的形容词"兴奋"是表示积极义的心理形容词，例（30）的形容词"紧张"是表示消极义的心理形容词，例（31）的形容词"明亮"是表示积极义的非心理形容词，例（32）的形容词"乱"是表示消极义的非心理形容词。越南语在形容词"vui"（兴奋）、"căng thẳng"（紧张）、"sáng"（明亮）、"loạn"（乱）之后加上"lên"（上）来对应汉语的"兴奋起来""紧张起来""明亮起来""乱起来"。

（四）越南语用"Adj + hơn"（Adj + 比）来对应

越南语副词"hơn"（比）表示"多于"的比较意义（Hoàng Trọng Phiến，2008）。当形容词为表示积极义的非心理形容词时，越南语有时会在形容词之后加上"hơn"（比）来表达汉语起始体标记"起来"（见表4）。例如：

（33）曲调简单起来了。

Điệu nhạc đơn giản hơn.

　　曲调　简单　比

（34）几个人的态度都严肃了起来。

Thái độ của vài người cũng <u>nghiêm túc hơn</u> .

态度　的　几　人　也　严肃　比

例（33）的形容词"简单"和例（34）的形容词"严肃"都是表示积极义的非心理形容词。越南语在形容词"đơn giản"（简单）、"nghiêm túc"（严肃）之后加上"hơn"（比）来对应汉语"简单起来""严肃起来"。

（五）越南语用"Adj + trở lại"（Adj + 回来）来对应

越南语动词"trở lại"（回来）可用在褒义形容词之前或之后，表示将某人或某事物的状态、性质转为其开始阶段的状态、性质（Viện Ngôn ngữ học，2016），具有起始义。当形容词为表示积极义的心理形容词或非心理形容词时，越南语有时会在形容词之后加上"trở lại"（回来）来对应汉语起始体标记"起来"（见表4）。例如：

（35）他的情绪又转而<u>高涨起来</u>。

Tâm trạng anh ấy lại chuyển sang <u>dang cao trở lại</u> .

情绪　　他　又　转　成　　高涨　回来

（36）姑娘们<u>活跃起来</u>。

Các cô gái lại <u>sôi nổi trở lại</u> .

姑娘们　又　活跃 回来

例（35）的形容词"高涨"是表示积极义的心理形容词，例（36）的形容词"活跃"是表示积极义的非心理形容词。越南语在形容词"dang cao"（高涨）、"sôi nổi"（活跃）之后加上"trở lại"（回来）来对应汉语的"高涨起来""活跃起来"。

（六）越南语用"bắt đầu + Adj"（开始 + Adj）来对应

如前所述，越南语的"bắt đầu"和汉语的"开始"是对等的。除了可以用在动词前，它们还可以用在形容词前，为其后形容词所表示的状态性质明确地划定一个起点。当形容词为表示消极义的非心理形容词时，越南语有时会在形容词前加上动词"bắt đầu"来表达汉语起始体标记"起来"

（见表 4）。例如：

（37）他现在已经忙起来了。

Bây giờ anh đã bắt đầu bận rộn .

现在 他 已 开始   忙

（38）呼吸也有些控制不住地粗重和急促起来。

Hơi thở cũng kiềm chế không được trở nên nặng nề và dồn dập .

呼吸 也 控制   不 住 成为 粗重 和 急促

例（37）的形容词"忙"和例（38）的形容词短语"粗重和急促"都是表示消极义的非心理形容词。越南语在形容词"bận rộn"（忙）和形容词短语"nặng nề và dồn dập"（粗重和急促）之前加上"bắt đầu"（开始）来对应汉语的"忙起来""粗重和急促起来"。

五　"开始 + 谓词 + 起来"格式在越南语中的对应形式

汉语里既有表示起始体意义的词语"开始"，又有表示起始体意义的形态"起来"。大多数情况下它们可以单独与谓词搭配，构成"开始 + 谓词"和"谓词 + 起来"格式。有些时候，它们也可以共同与谓词搭配，构成"开始 + 谓词 + 起来"格式。

在我们检索到的 544 条起始体标记"起来"的用例中，有 10 条用例是起始体标记"起来"和动词"开始"共现的。其中，谓词为动词的用例有7 条，谓词为形容词的用例有 3 条。

对应结果显示，无论谓词是动词还是形容词，越南语只可用"bắt đầu + 谓词"（开始 + 谓词）格式来对应汉语"开始 + 谓词 + 起来"格式。由此可见，越南语只用零形式来表示汉语"开始 + 谓词 + 起来"格式中的起始体标记"起来"。例如：

（39）钱文开始"想"了起来。

Tiền Văn bắt đầu "nhớ".

钱文   开始 "想"

（40）她开始恨起哲学家来了。

trở nên bắt đầu hơn nhà triết học .

　　她　开始　恨　　哲学家

（41）孙广才的喊声开始惊慌起来。

Tiếng hét của Tôn Quảng Tài bắt đầu hoang mang.

　　喊声的　孙广才　开始　　惊慌

（42）身上开始舒服起来。

Cả người bắt đầu dễ chịu .

　全　身　开始　舒服

例（39）至例（42）中，越南语只在谓词"nhớ"（想）、"hơn"（恨）、"hoang mang"（惊慌）、"dễ chịu"（舒服）之前加动词"bắt đầu"（开始）来对应汉语的"开始想起来""开始恨起来""开始惊慌起来""开始舒服起来"，而不用其他任何语言形式来表示汉语起始体标记"起来"。

六　结论

综上所述，汉语起始体标记"起来"在越南语中有多种对应形式。一般情况下越南语主要用零形式来表示汉语起始体标记"起来"。当谓词的词类不同、语义类型不同时，越南语还会选择其他不同的形式来对应起始体标记"起来"。具体情况见表5。

表5　谓词后起始体标记"起来"在越南语中的对应情况

谓词		谓词	谓词+lên	谓词+ra	谓词+đến	谓词+về	谓词+hơn	谓词+trở lại	bắt đầu+谓词	trở nên+谓词
词类	语义类型									
动词	表示与语言有关的动作动词，一般也有声音	+	+	+	+	+				
	表示与躯体、肢体运动，心脏跳动，血液流动有关的动词	+	+	+					+	+

续表

词类	语义类型	谓词	谓词 + lên	谓词 + ra	谓词 + đến	谓词 + về	谓词 + hơn	谓词 + trở lại	bắt đầu + 谓词	trở nên + 谓词
动词	表示人或物的喊叫、哭笑类动作的动词	+	+							
	表示思维、心理活动的动词	+	+							+
	表示由不止一个动作完成的动作行为动词	+	+							
形容词	表示积极义的心理形容词	+	+					+		+
	表示消极义的心理形容词	+	+							+
	表示积极义的非心理形容词	+	+				+	+		+
	表示消极义的非心理形容词	+	+						+	+

注：“＋”表示有这种对应形式。

当谓词为动词时，如果动词是表示与语言有关的动作动词，一般也有声音，越南语用“V”、“V + lên”（V +上）、“V + ra”（V +出）、“V + đến”（V +到）、“V + về”（V +回）五种形式来对应汉语起始体标记“起来”；如果动词是表示与躯体、肢体运动，心脏跳动，血液流动有关的动词，越南语用“V”、“V + lên”（V +上）、“V + ra”（V +出）、“bắt đầu + V”（开始 + V）、“trở nên + V”（成为 + V）五种形式来对应汉语起始体标记“起来”；如果动词是表示人或物的喊叫、哭笑类动作的动词，越南语用“V”和“V + lên”（V +上）两种形式来对应汉语起始体标记“起来”；如果动词是表示思维、心理活动的动词，越南语用“V”、“V + lên”（V +上）和“trở nên + V”（成为 + V）三种形式来对应汉语起始体标记“起来”；如果动词是表示由不止一个动作完成的动作行为动词，越南语用零形式“V”和“V + lên”（V +上）来对应汉语起始体标记“起来”。

当谓词为形容词时，如果形容词是表示积极义的心理形容词，越南语用“Adj”、“trở nên + Adj”（成为 + Adj）、“Adj + lên”（V +上）、“Adj +

trở lại"（V＋回来）四种形式来对应汉语起始体标记"起来"；如果形容词是表示消极义的心理形容词，越南语用"Adj"、"trở nên＋Adj"（成为＋Adj）、"Adj＋lên"（V＋上）三种形式来对应汉语起始体标记"起来"；如果形容词是表示积极义的非心理形容词，越南语用"Adj"、"trở nên＋Adj"（成为＋Adj）、"Adj＋lên"（V＋上）、"Adj＋hơn"（Adj＋比）、"Adj＋trở lại"（V＋回来）五种形式来对应汉语起始体标记"起来"；如果形容词是表示消极义的非心理形容词，越南语用"Adj"、"trở nên＋Adj"（成为＋Adj）、"Adj＋lên"（V＋上）、"bắt đầu＋Adj"（开始＋Adj）四种形式来对应汉语起始体标记"起来"。

此外，当"开始"和"起来"共同与谓词搭配时，越南语用零形式来表示汉语"开始＋谓词＋起来"格式中的起始体标记"起来"。

参考文献

陈明舒，2010，《表示起始义的"开始 V"与"V 起来"研究》，《湖南大学学报》（社会科学版），第 5 期。

戴耀晶，1997，《现代汉语时体系统研究》，浙江教育出版社。

顾倩，2014，《起始义"起来"和"上"的差异及其认知理据》，《南开语言学刊》第 1 期。

贺阳，2004，《动趋式"V 起来"的语义分化及其句法表现》，《语言研究》第 3 期。

刘月华主编，1998，《趋向补语通释》，北京语言文化大学出版社。

吕叔湘，1942，《中国文法要略》，商务印书馆。

齐沪扬、曾传禄，2009，《"V 起来"的语义分化及相关问题》，《汉语学习》第 2 期。

乔全生、崔淑慧，2000，《晋语五台片方言体貌系统概说》，载乔全生《晋方言语法研究》，商务印书馆。

宋文辉，2012，《现代汉语表示起始义的趋向补语"起来"和"起……来"的关系》，《世界汉语教学》第 4 期。

王力，1944，《中国现代语法》，商务印书馆。

吴洁敏，1984，《谈谈非谓语动词"起来"》，《语言教学与研究》第 2 期。

张秀，1957，《汉语动词的"体"和"时制"系统》，载《语法论集》（第一集），中华书局。

赵元任，1968，《汉语口语语法》，吕叔湘译，商务印书馆。

Hoàng Trọng Phiến. 2008. *Từ điển giải thích hư từ tiếng Việt*. Nhà xuất bản Tri thức.

Viện Ngôn ngữ học. 2006. *Từ điển tiếng Việt*. Nhà xuất bản Hồng Đức.

The Counterparts of Chinese Inchoative Aspect Marker
Qilai（起来）in Vietnamese

Abstract：*Qilai*, an inchoative aspect marker in Chinese, means the beginning of action and behavior used after the dynamic verb and the beginning to be a static state used after the static verb or the adjective. There is more than one counterparts of the inchoative aspect marker *qilai* in Vietnamese. In general, the zero form can be used to express the inchoative aspect of *qilai*. Specifically, "bắt đầu" and "trở nên" are added before the predicate when the predicate has different word classes and different semantic types, or "lên", "ra", "đến", "về", "hơn" and "trở lại" are added after the predicate to express the inchoative aspect of *qilai*. The zero form is used when *kaishi* and *qilai* appear together and form the "*kaishi* + the predicate + *qilai*" pattern.

Keywords：Chinese；Vietnamese；Inchoative Aspect；*Qilai*（起来）；Comparison

作者简介

刘汉武（LUU Hon Vu） 北京师范大学博士，越南胡志明市银行大学外语系讲师，研究方向为汉越语言对比及汉语作为第二语言教学。[vulh@buh. edu. vn, luuhonvu@ 163. com]

丁崇明 北京师范大学教授，博士生导师，研究方向为现代汉语语法及应用语言学。[dchm@ bnu. edu. cn]

图书在版编目（CIP）数据

世界华文教学. 第五辑 / 贾益民主编. -- 北京：
社会科学文献出版社，2018.12
ISBN 978 - 7 - 5097 - 6110 - 6

Ⅰ.①世…　Ⅱ.①贾…　Ⅲ.①汉语 - 对外汉语教学 -
教学研究 - 文集　Ⅳ.①H195.3 - 53

中国版本图书馆 CIP 数据核字（2018）第 272335 号

世界华文教学（第五辑）

主　　编 / 贾益民

出 版 人 / 谢寿光
项目统筹 / 王　绯
责任编辑 / 崔晓璇　张建中

出　　版 / 社会科学文献出版社·社会政法分社（010）59367156
地址：北京市北三环中路甲 29 号院华龙大厦　邮编：100029
网址：www. ssap. com. cn
发　　行 / 市场营销中心（010）59367081　59367083
印　　装 / 三河市东方印刷有限公司

规　　格 / 开　本：787mm × 1092mm　1/16
印　张：13.25　字　数：216 千字
版　　次 / 2018 年 12 月第 1 版　2018 年 12 月第 1 次印刷
书　　号 / ISBN 978 - 7 - 5097 - 6110 - 6
定　　价 / 68.00 元

本书如有印装质量问题，请与读者服务中心（010 - 59367028）联系